新しいビジネスを生む
戦略と人脈

世界を変えたユダヤ商法

武田 知弘

ビジネス社

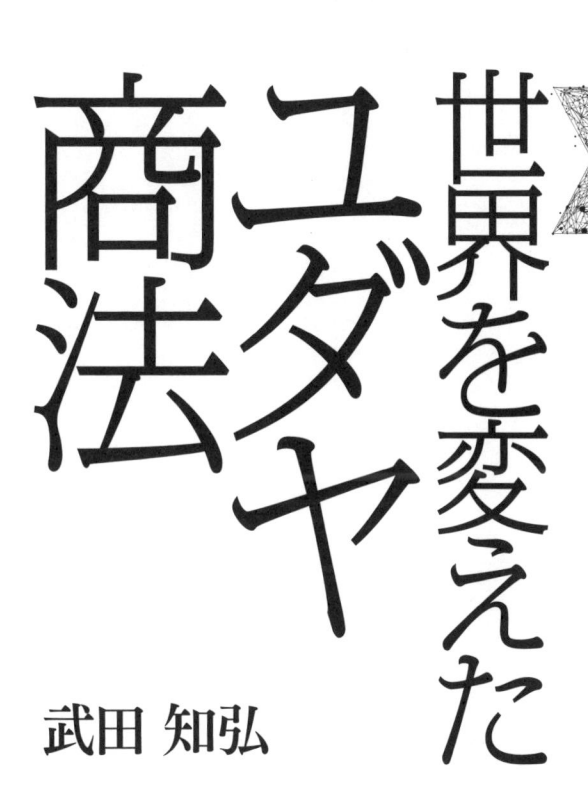

はじめに

3000年もの歴史を持つとされ、世界史のさまざまな場面で登場するユダヤ人。

彼らは、現代でも世界経済に大きな影響を与えている存在として知られている。

いささか古いデータだが、2003年3月の時点で、10億ドル以上の資産を持つ、いわゆる「ビリオネア」は世界中で477人いたが、そのうち55人がユダヤ系アメリカ人だった（昨今では、「人種差別」への配慮からこの手のデータはあまり公表されなくなった）。

これは、アメリカ以外のユダヤ人は含まれておらず、また明確にユダヤ系とわかっているものだけのことなので、実際にはユダヤ人はさらに多くなるだろう。

実に世界大富豪の1割強がユダヤ系アメリカ人なのである。

世界人口に占めるユダヤ系アメリカ人の比率は0・1％程度なので、その突出ぶりは異常だといえるだろう。

またユダヤ人はアメリカに限らず様々な土地に住んでいるが、その土地土地で上流階級に属していることが多い。たとえば、ロシアでは一部の財閥が大きな経済シェアを持っているが、この財閥にもユダヤ人の占有率は非常に高いのだ。

本書は「なぜユダヤ人は金儲けがうまいのか？」ということを追究するものである。

ユダヤ人が世界経済の中枢を占めていることは、何百年も前から言われてきたことである。

その要因についてはさまざまな分析がされてきた。が、まだ明確な回答は出ていないといえる。

本書では、ユダヤ人の様々な成功パターンや、ユダヤ人の経済的な歴史を見ていくことで、その答えを探っていきたいと思う。

なぜユダヤ人は金儲けがうまいのかを知ることができれば、我々の経済生活が豊かになる術《すべ》をみつけられるかもしれない。

またそれは、現代世界経済の混迷を解明していく鍵となるかもしれない。

いずれにしろ、「ユダヤ人の金儲けの秘密」を解明することは、我々にとって重要なことであることは間違いないのだ。

池田知弘

世界を変えたユダヤ商法　もくじ

第2章　ユダヤ商法の神髄「ユダヤ教の教え」

第3章　ロスチャイルド家とは何者か？

第4章　実はユダヤ人は日本とも関係が深い

第5章　ユダヤ陰謀論の真実

第1章

世界を変えたユダヤ商法

1 ビートルズを売り出したユダヤ人

先見の明

まず本章では、ユダヤ人の成功の代表的な例を見ていきたい。

とりあげるのは、ビートルズ、マクドナルド、スターバックス、マイクロソフトである。

これらはいずれもそれぞれの分野で大成功を収めているものだが、そのいずれにもユダヤ人が大きく関わっているのである。これらの成功物語の過程に、ユダヤ人の金儲けの秘訣が隠されているといえる。

まずはビートルズから。

20世紀最大のミュージシャンというと、おそらく後世の歴史家はビートルズを指すだろう。

ビートルズはポップス音楽のみならず、音楽史自体にも多大な影響を与え、社会現象までを巻き起こした。彼らは、音楽が巨大なビジネスとなることを示した最初のアーティストでもある。

ビートルズのメンバーには、ユダヤ人はいない。

成功したミュージシャンの中には、ユダヤ人も多い。ノーベル文学賞を受賞した**ボブ・ディラン**や「明日に架ける橋」などで知られるサイモン&ガーファンクルの**ポール・サイモン**もユダヤ人である。

しかし、ビートルズのメンバーはいずれもキリスト教の家に生まれており、当人たちもクリスチャンである。

が、ビートルズには、仕掛け人がいる。

ビートルズをデビューさせ、独自の方法で世界に売り込んだ初代マネージャー、ブライアン・エプスタインという人物である。

この人物こそがユダヤ人なのである。

ブライアンは、１９３４年、リバプールに生まれた。ビートルズのリーダー、ジョン・レノンより6歳年長である。

エプスタイン家は祖父の代に、リトアニアからイギリスに移住してきたユダヤ人家庭だった。

ブライアンの両親は、リバプールの中でもユダヤ人の高所得者が多いチルド・ウォール地区でコーシャー・ホーム（ユダヤ料理の店）などを経営していた。

一家は、敬虔《けいけん》なユダヤ教の家庭であり、金曜の夜になると、安息日の蝋燭《ろうそく》をともし土曜日は必ずシナゴーグ（ユダヤ教の会堂）へ通った。エプスタイン一家は、リバプールのユダヤ人社会の中でも、尊敬を集めていたほどのユダヤ教に忠実な家庭だった。

若いころのブライアンは、そういう両親に反発を覚えていたという。18歳で入隊したが精神不安定で除隊になり、俳優を志してロンドンの王立演劇学院に入る。しかし1年で退学し、リバプールに戻る。そのころ父は電気店を開いていたが、ブライアンをそのレコードフロアに勤務させた。

彼は商才に長《た》けていたようで、レコード部門をあっという間に黒字にさせた。父はそれを見て、店舗を拡大させた。

ブライアンは生来、音楽や演劇に興味を持っており、独特の勘を持っていた。クラシックでもジャズでも、彼が「**これは売れる**」と見込んだレコードは必ず売れた。

たとえば、こういうことがあった。

売れ筋のレコードを店員が追加注文しようとしたことがあった。それを聞いたブライアンは「あれはもう勢いが落ちている」と言って注文をやめさせた。結果はブライアンの言う通りになったのだ。

ビートルズを発掘する

そしてブライアンは1961年、リバプールの若者の間で絶大な人気を誇っていたビートルズを知ることになる。

ある日、ブライアンは、「マージー・ビート」という音楽誌の創刊者から、同誌を購入してくれるように頼まれた。この雑誌マージー・ビートにはビートルズが大々的に取り上げられていたのだ。

ビートルズに興味を持ったブライアンは、リバプールのライブハウス「キャバーンクラブ」に行く。

ブライアン・サミュエル・エプスタイン（1934〜1967）

キャバーンクラブでは、ビートルズはタバコを吸ったり、客とふざけあいながら不良少年さながらに演奏していた。

ビートルズの音楽は、それまでのロック音楽にはない新鮮さがあった。

ノリのいいロックン・ロールばかりではなく、「ハロー・

リトル・ガール」のようなバラードもこなす。

しかも、彼らは自分で曲をつくっているという。今でこそ、バンドが自分たちで曲をつくるのは、ごく普通のことになっているが、当時はまだアメリカのごく一部のロック・ミュージシャンが行っているに過ぎなかった。

ブライアンは彼らに計り知れぬ可能性を感じた。

すぐに、彼はビートルズと連絡をとり、マネージメントの話を持ち出した。

契約の内容は
「ビートルズのために仕事を獲得すること」

「ビジネス面の助言を与えること」

「世界のすべての地域においてビートルズの代理人になること」

「ビートルズのために広報宣伝活動を行うこと」

だった。

このときに彼がビートルズに払った契約金は、わずか**15ポンド**だったという。それだけで、彼はビートルズの収入の15%を得る権利を獲得した。それがのちに何百万ポンドになったのである。

欧米でのアーティストのマネージャーというのは、日本の芸能人のマネージャーとはかなり違う。欧米のマネージャーはアーティストの代理人とも言うべき存在で、売り込み宣伝活動、レコード契約や興行などの交渉の一切を引き受ける。優れたマネージャーを持つかどうかが、アーティストの将来に大きく関わってくるのだ。

ブライアンは、紛れもなく優れたマネージャーだった。

ビートルズとマネージャー契約を結ぶと、彼はすぐさまマネージング会社「NEMSエンタープライズ」を設立する。

イギリスでも有数のレコード店の支配人になっていた彼は、レコード会社との交渉でもいかんなく強みを発揮した。5000枚のレコードを自らのレコード店で発注をすることを条件にして、ビートルズのデビューを持ちかけたのだ。

やがてブライアンの売り込みが功を奏して、EMIのプロデューサー、ジョージ・マーティンのオーデションを受けられることになった（ジョージ・マーティンはビートルズのレコードのほとんどをプロデュースすることになる）。そして、彼に認められたビートルズはレコード・デビューすることになるのだ。

大衆に受け入れやすくアレンジする

ブランアンがマネージャーになって、ビートルズが大きく変わった点がいくつかある。

その1つは、ドラマーのピート・ベストをやめさせ、リンゴ・スターを加入させたことだ。ピート・ベストは、当時のビートルズのリーダー的な存在であり、しかもハンサムでメンバーの中でもっとも人気のある存在でもあった（彼がやめるという知らせを聞いたファンが大挙して抗議行動を起こしたほどだった）。

しかし、ピート・ベストにはドラマーとしての技量がそれほど備わっていなかった。**「ジョンとポール」をバンドの中心にしたほうがいい**と考えたブライアンは、思い切ってピートをクビにしたのだ。

また彼は、ビートルズの服装を変えさせた。

ビートルズのトレードマークともなっている「マッシュルームカットに清潔なスーツ」という格好は、彼が考案したものである。

それまでビートルズは革ジャンにリーゼントというスタイルで演奏していた。しかし彼は、これではあまりに不良っぽすぎて大衆受けしないと考え、小奇麗《こぎれい》な格好をさせたのである。

デビュー前のビートルズ。当時は髪型がリーゼントで、ドラムはリンゴスターではなく、ピート・ベストだった

そして彼は、ビートルズに激しいロックン・ロールばかりではなく、情緒的なバラードも多く取り入れるように進言したといわれている。現在ビートルズの代表曲といわれるのは「イエスタデイ」や「レット・イット・ビー」などのバラードである。ビートルズが、大きな成功を収めた1つの理由に、メロディーの美しさがあるといえるが、ブライアンはそれにいち早く気付いたのだ。

ユダヤ人企業家の特徴として、商品をより大衆受けしやすくアレンジする才能というものが見受けられる。

たとえばスターバックスの本格的なコーヒーはそれだけでも多くの顧客をつかんでいたが、ユダヤ商人が店舗をバー形式にすることで爆発的にヒットさせた。

ブライアンも、そのユダヤ人の特徴を強く持っていたといえるだろう。

ビートルズという原石は、原石のままでもある程度は輝いてはいたかもしれない。

しかし彼が、上手に研磨《けんま》することで輝きはさらに増し、それが彼らの爆発的なヒットにつながったのである。

ビートルズはデビュー2曲目の「プリーズ・プリーズ・ミー」でイギリス国内のヒットチャート1位を獲得し、以後ヒット曲を連発する。

デビュー3年目にはアメリカ公演を成功させ、世界的なブームとなる。

日本にも1966年に来ており、ミュージシャンとしてははじめて日本武道館で公演した。「昭和の出来事」を特集するテレビ番組などで、ビートルズが半被《はっぴ》を着て飛行機から降りてくる映像を見たことがある人も多いだろう。この当時、ビートルズを見に行くために家出する少年少女が続出するなど社会問題まで起きた。

ビートルズは、ポップミュージックを巨大なビジネスに成長させたアーティストだといわれている。

その陰にはブライアンの巧みなビジネス戦略があったのだ。

ローリング・ストーンズとの協定

ブライアンの巧みなプロモーションの例として、ローリング・ストーンズとの共同戦略がある。

ビートルズとローリング・ストーンズというと、ライバル的な関係と思われている。しかし、実は彼らのプロモーションは共同で行われていたのだ。

ブライアンは、ビートルズのマネージャー活動をはじめたばかりのころ、歌手マーク・ウィンターのマネージャーをしていたアンドリュー・オールダムという若者と知り合った。オールダムはアイデアが豊富な男で仕事もできたため、ブライアンは彼をビートルズの広報担当者にしようと考えた。

しかしオールダムは、別の計画を持っていた。

自分がロンドンで発掘したローリング・ストーンズのマネージャーになり、それを売り出そうとしていたのだ。

ブライアンはそれを快く受け入れ、彼と共同戦略をとることにした。

ローリング・ストーンズは不良っぽさを前面に出し、反体制的な雰囲気を出すことで若者の

アンドリュー・ルーグ・オールダム（1944～）左にいるのはミック・ジャガー

支持を集めた。それはビートルズのかもし出す「品の良さ」と好対称をなした。

これはブライアンとオールダムの作為的なプロモーションだった。

ブライアンがビートルズにはイギリス紳士を思わせるような上品な格好をさせたことは前述した通りである。

これに対抗する形で、オールダムはローリング・ストーンズには「ロンドン乞食《こじき》」といわれるようなラフな格好をさせたのだ。両者にわざとライバル的な構図をつくることで、人気をさらに盛り上げようとしたのだ。

実は、この構図は現実とはまったく逆なのである。

ビートルズは、港町リバプールの安い酒

場のショーなどで腕を磨いてきた不良少年たちである。

一方、ローリング・ストーンズは、大学出ばかりのインテリ集団であり、ロンドンの流行最先端のジャズ喫茶などで演奏していたのだ。が、先にデビューしたビートルズが「品の良さ」で受けていたために、ローリング・ストーンズは、その好対照を狙って不良っぽい演出をしたのだ。

またブライアンとオールダムは、レコードの販売日がかち合わないように調整したりしていた。そうすることで、両者がヒットチャートで1位を獲《と》りやすくしたのである。

60年代のミュージックシーンでは、優等生っぽい子はビートルズに、不良っぽい子はローリング・ストーンズに憧れるという傾向があったが、それは演出にうまくだまされていたということになる。

両マネージャーの戦略が、いかに巧みだったかということである。

ビートルズを助けたもう1人のユダヤ人

ビートルズの音楽ビジネスとしての成功は、革命的なことが多い。

その中でも特筆するべきは、イギリス・ポップス界からはじめてアメリカに渡ったということである。

今でこそイギリスのアーティストは、アメリカをはじめ世界中で活躍しているが、以前はそうではなかった。ジャズやロックなどのポップ・ミュージックは、当時、アメリカが中心であり、そこから世界に発信されていたものだ。

ビートルズ以前、イギリスのポップ・ミュージシャンがアメリカで大成功したという例はなかった。ビートルズがその壁をはじめて破ったポップス・アーティストなのである。

ビートルズの音楽は、確かに衝撃的なものであり、アメリカでも成功する要素は持っていたといえる。

しかし彼らは、デビューしてわずか2年でアメリカ進出している。その素早さは異常ともいえる。デビュー当初から、アメリカ進出を狙っていないと、なかなかスムーズにいくものではない。

このスピーディな成功には、ある冒険的なユダヤ人の存在が大きく関係している。

シド・バーンスタインという無名のプロモーターである。

ビートルズがイギリスで話題になっていた当時、バーンスタインは音楽プロダクションの下っ端の社員として働いていた。その傍ら、夜はビジネススクールで音楽ビジネスを学んでいた。

そこでは、教師からイギリスの新聞を読むように勧められた。彼がイギリスで熱狂的な人気を博していたデビュー間もないビートルズを知ったのも、イギリスの新聞である。

彼は、ビートルズをアメリカに呼べば大成功すると直感し、自分の手でそれをやりたいと思うようになった。

１９６３年の中ごろ、バーンスタインはブライアンに連絡を取る。

「ビートルズがアメリカに進出する予定はないのか」と。

エプスタインは、「アメリカではまったくビートルズは知られていないので、その予定はない」と答えた。

シド・バーンスタイン（1918〜2013）

それに対し、バーンスタインは、「６５００ドルのギャラを払うのでアメリカに来てくれ」と言った。

しかも場所はカーネギー・ホールだというのだ。

ブライアンは仰天した。

ビートルズの当時のギャラは1晩２０００ドルだったので、その3倍以上の提示である。

しかも、カーネギー・ホールというのはクラシック音楽の殿堂的な存在であり、今までロックミュージックのコンサートが開かれたことはなかった。それをアメリカではまったく無名のバンドに出演させようというのだ。

当時のバーンスタインは、6500ドルを用意したり、カーネギー・ホールを手配したりするほどの大物興行師ではない。アルバイトに毛が生えた程度の駆け出しのエージェントに過ぎなかった。

しかし彼は自分の勘を信じて、この巨大なプロジェクトをやり遂げようと奔走《ほんそう》した。まず借金してカーネギー・ホールへの手付け金をつくった。残りは公演の収益から払う予定だった。

もちろん、ビートルズの公演が失敗すれば、大きな借金を背負うことになる。

ユダヤ人の成功物語には、よくこの手の「**大きな賭け**」が出てくる。イチかバチかの大勝負に出て、成功の扉を開くのだ。

が、彼らは決してやみくもに大きな賭けをするわけでなかった。はい上がるための努力をしっかりと行い、チャンスが来たというときに全精力を投じるのである。

ブライアンとバーンスタインは、アメリカ進出のために周到な計画を立てる。

当時、すでにアメリカでもビートルズのレコードは販売されていたが、売上は芳《かんば》しくなかった。

「こんなイギリスっぽい音楽はアメリカでは受けない」と、大手のレコード会社は見向きもしてくれず、小規模のレコード会社で細々と販売していたに過ぎなかった。

ブライアンとバーンスタインは、アメリカ国民にビートルズのライブを見てもらうのがもっとも効果的な宣伝になると考え、アメリカのテレビ番組への出演をさせるための運動をする。そして日曜日の人気番組「エド・サリバン・ショー」に、3週間続けて出演できることになった。高額の補助金を出すことでプロデューサーを説得したのだ。

またレコード会社にも強力なプッシュをかけた。

ビートルズのイギリスでの熱狂的な人気を後ろ盾に、最大手のキャピトル・レコードとの契約を取り付けた。実費で大規模な宣伝も行った。

それが功を奏し、「アイ・ウォント・ホールド・ユア・ハンド」（邦題「抱きしめたい」）は、アメリカのヒットチャートの1位を獲得した。その勢いで、テレビのエド・サリバン・ショーでも驚異的な視聴率をとった。

そして、満を持してカーネギー・ホール公演を行った。もちろん大成功を収め、アメリカでの人気を確定的なものにした。

その後、バーンスタインは、ビートルズのアメリカ公演を成功させた興行師として、アメリカ・ポップス界を代表する存在になる。

ローリング・ストーンズ、ジミー・ヘンドリクス、ジャニス・ジョプリン、ベイ・シティ・ローラーズ、フランク・シナトラなど、超大物たちの興行を手掛けている。

2 ―マクドナルドを育てたユダヤ人

マクドナルド伝説から抜けている人物

「マクドナルドとユダヤ人」

というと、首をかしげる人もいるだろう。

ユダヤ系企業に詳しい人ならば、マクドナルドがユダヤ系企業とは呼ばれていないことを知っているはずだ。

しかし、マクドナルドも実はユダヤと深い関係のある企業なのである。

マクドナルドが、今の大企業になりえたのは、とあるユダヤ人の力によるものが大きいのだ。

そのユダヤ人とは、マクドナルド草創期のCEOハリー・J・ソナボーン（1916～1992）である。

マクドナルドには伝説となっている起業ストーリーがある。

マクドナルドは1940年、カリフォルニアの田舎町サンバーナーディノで、ディックとマックのマクドナルド兄弟が始めたハンバーガー店が最初である。

マクドナルド兄弟は、さまざまな試行錯誤を重ねたのちの1948年、レストラン方式をやめてテイクアウトでのハンバーガーショップをつくった。

レストラン方式では客席に限りがあり、サンバーナーディノのような田舎ではなかなか採算が取れない、そこで、テイクアウトで大量に売りさばくことを考え付いたのだ。メニューを最小限に絞り、作業を徹底的に効率化し、大量の注文をさばく。

これが大当たりした。

日本全国に2890店舗（2018年）あるマクドナルド

レイ・クロック（1902〜1984）

マクドナルドは、サンバーナーディノの名物ともいえるほど評判を呼んでいた。

1954年、その評判を聞きつけたのが、ミキサー販売をしていたセールスマンのレイ・クロック（マクドナルドの創業者とされている）である。

「マクドナルド兄弟が使っているミキサーを売ってくれ」と客から注文を受けたレイ・クロックは、マクドナルド兄弟とは何者か？　とカリフォルニアまで会いに行く。

レイ・クロックは、このとき52歳。非ユダヤ人である。ピアノ演奏者、雑貨のセールスマンなど様々な職業についた後、このときは、ミルクミキサー販売会社を経営していた。

マクドナルド兄弟のハンバーガーショップを見た彼は、その場で店をチェーン化するように兄弟に提案した。

しかし、マクドナルド兄弟はすでに十分に成功していたので、その話には乗らなかった。

そのため、彼がマクドナルド兄弟からノウハウを買い取って、自身でハンバーガーチェーンをつくることにした。それが大企業マクドナルドの始まりということになっている。

これが世間に吹聴されているマクドナルド・ストーリーである。

しかしこのストーリーには、マクドナルドが大発展していくもう1つの強烈な要素が抜けている。先に紹介したユダヤ人、ハリー・J・ソナボーンの存在である。

直営店方式を取り入れる

1955年4月、レイ・クロックがハンバーガーチェーン1号店を開店した直後、ハリー・J・ソナボーンが、レイの元を訪れる。

「自分もマクドナルドの事業に参加させて欲しい」

というのだ。

ソナボーンはこのとき39歳。インディアナ州生まれのドイツ系ユダヤ移民だった。幼くして両親を失い、ニューヨークで被服会社を営む叔父の元で育てられた。ニューヨークの大学を卒業した後、シカゴで会社の役員をしていた。

180センチの長身に頭髪は短く刈り込まれており、厳しい雰囲気を漂わせる青年だった。非常な勉強家で、法律家や銀行家と同じくらいの知識を持っていたという。ニューヨーク育ちの都会的な感覚を持っており、そのためかレイ・クロックとはたびたび衝突することになる。

このときのレイは、財務を担当する人材が欲しいと思っていた。

当時のマクドナルドは、レイ本人のほかは女性の社員が1人だけしかいなかった。煩雑になりつつある業務をこなすには、有能な部下が必要だったのだ。

しかし、マクドナルド・チェーンはまだ開業したばかりで、資金がない。そのため、レイ・クロックは、「週100ドルという格安のサラリーでよければ」という条件で、ソナボーンを迎えることになった。

このソナボーンは、マクドナルドを現在の形に整えていく重要な役目を果たす。

レイは、マクドナルドをチェーン化しようと考えたものの、それはオーナー店を増やすという方式だった。つまりフランチャイズに参加する店舗をつのり、ノウハウを提供する事で売上の数%のロイヤリティーを得る。

もともと、彼がマクドナルドをチェーン化したのは、自分の事業であるミキサーの販売を増やそうと思ったからだ。マクドナルド兄弟の店は、ミキサーを8台も使っていた。この兄弟のような店舗をたくさん増やせば、自分が販売するミキサーもたくさん売れるだろうと考えたのだ。

ハンバーガー事業だけで、儲けようとは思っていなかったのだ。

一方、ソナボーンは、直営式の店舗展開を考えていた。

ハンバーガー事業自体を主とするのだ。初期投資はかかるけれど利益も大きい。自分で立地を選ぶことができるので戦略的な展開が可能なのである。これはマクドナルドの現在の戦略とほぼ同様である。

レイは、ソナボーンの意見を取り入れ、私財を投げ打って1000ドルを用意した。ソナボーンは、その金で直営店のために不動産を探しはじめた。

資金調達とユダヤ・コネクション

ソナボーンは、マクドナルドの資金調達にも大きく貢献した。

マクドナルドは、開業してすぐに飛躍的に業績を上げていったが、それにともない資金調達の問題が出てきた。収益が貯まるまで待っていれば機会を逃してしまう。かといって店舗展開のための資金はレイの個人資産で対応できるような額ではなかった。

1959年、ソナボーンは、地元シカゴの保険会社などから融資を取り付けてくる。このときの融資は、**ユダヤ人としてのコネによるもの**だったと思われる。

ユダヤの地域社会というのは、ビジネス社会でもある。

ユダヤ社会の地域リーダーというのは、資産を持つ企業家が多い。またシナゴーグ（ユダヤ教のラビ（指導者）自体が、ビジネスを行っていることもざらにある。必然的に、ユダヤ教徒の集まりは、ビジネスマンの集まりにもなる。

そしてユダヤ社会は、**相互扶助システム**が発達している。

たとえば資金が必要なものへ、ユダヤ財界人たちが融資することは、非常によく行われていた。ユダヤ人に成功者が多いのも、このシステムが要因の1つといえる。ソナボーンも、このシステムをなんらかの形で利用したのは間違いないだろう。

事実、マクドナルドは現在にいたるまで、シカゴのユダヤ人社会と深いつながりを持っている。シカゴのユダヤ人団体に多額の寄付をしているし、歴代CEOの中には、イスラエル商工会議所の名誉会長になったものもいるのだ。

ソナボーンは1959年の資金調達の功績により、マクドナルドの社長兼CEOに就任する。マクドナルド・チェーン創業から4年目のことである。

しかしこれ以降、ソナボーンとレイ・クロックの関係は急激に冷え込んでいく。マクドナルド内部でもそれを反映して、レイ派とソナボーン派という2つの派閥ができた。

やがて、ソナボーンは病気がちになり、会社にも出てこなくなった。そして1967年、彼は会社を離れることになった。

ソナボーンには退職後、マクドナルドから毎年10万ドルが支払われた。彼は、マクドナルドの株を大量に持っていたが、退職時にすべて売り払った。自分がいなくなれば、マクドナルド株は暴落するだろうと見込んだらしい。

ソナボーンが、レイ・クロックと袂《たもと》を分かつとき、レイがもっとも心配したのは財務関係だった。彼が持っていた財務のコネクション、ユダヤ金融との関係などが切れることは、マクドナルドにとって死活問題だったのだ。

しかし、そのときにはすでにソナボーンのほかにもユ

◆マクドナルド

設　立	McDonald's 1940年 McDonald's Corporation 1955年
本　社	アメリカ合衆国 イリノイ州オークブルック
代表者	アンドリュー・J・マッケナ（会長） スティーブ・イースターブルック（社長兼CEO）
売上高	246億2200万米ドル（2016年）
店舗数	3万6899店（2016年）
従業員数	37万5000人（2016年）

ダヤ人の有能な社員が入っており、ユダヤとの関係は途絶えなかった。ソナボーン退職後もマクドナルドは、金融機関から見放されることもなく、繁栄を続けることができたのだ。

3 スターバックスのコーヒー革命

スターバックス・ビジネスモデルをつくった男

スタバの愛称で日本でも親しまれているコーヒーチェーン店のスターバックス。

このスターバックスは、ハワード・シュルツというユダヤ人によって世界規模の企業に育てられたものだ。

日本全国に1434店舗（2019年3月末）あるスターバックス

スターバックスは、1971年アメリカのシアトルで始まった。

サンフランシスコ大学の同級生3人（ジェリー・ボールドウィン、ゼヴ・シーグル、ゴードン・

バウカー）が、はじめたものだ。

当時のアメリカの家庭用のコーヒーは、ネスカフェなどのインスタントが主流だった。

学生時代にヨーロッパ旅行をしたことのある3人は、ヨーロッパ風の香りの高いコーヒーがアメリカにないことを嘆いていた。

そして「**アメリカにも本格的なコーヒーを**」と、自分たちでコーヒー焙煎《ばいせん》業を始める。吟味《ぎんみ》されたコーヒー豆を店頭で挽《ひ》いて販売する「スターバックス」は、評判になった。

スターバックスは10年間で、4店舗を持つワシントン州最大のコーヒー小売業者になった。

その評判を聞きつけたのが、ハワード・シュルツである。

ハワード・シュルツ（1953〜）

ハワード・シュルツは、ブルックリンにある「**プロジェクト**」と言われる公営団地に住むユダヤ人家庭に生まれた。この「プロジェクト」というのは、貧しい家庭のために補助金がついている団地で、ギャングになる若者も多かった。シュルツ家も貧しかったために、ハワードはフットボール奨学金で大学に進学した。シュルツ家の中では、彼がはじめての大学進学者だった。

ハワード・シュルツは、優秀で勤勉な男だった。

大学卒業後、ゼロックス社のセールスマンになり、25歳のときにはスウェーデンの家庭用品会社のアメリカ支社長にまでのぼり詰める。

若き成功者として忙しく働いていた彼は、とあるコーヒー小売店の存在を知る。その小売店は、コーヒーメーカーの販売が異常に多いのだ。

その小売店こそ、スターバックスだった。

スターバックスは、わずか4店舗しかないにもかかわらず、大手小売業者に匹敵するくらいの販売を記録している。

不思議に思った彼は、スターバックスを実際に見に行く。

スターバックスの店内で、スタッフからコーヒーを入れてもらっているうちに、彼の疑問は氷解した。

スターバックスは、コーヒー文化の伝道者的役割を果たしていたのだ。同時に彼は、スターバックスに限りない可能性を感じた。

彼は、スターバックスの事業を拡大したいという熱に取り付かれ、スターバックスの経営陣に入社を懇願する。経営陣は、いったん、躊躇《ちゅうちょ》したものの彼の熱意を受け入れることにする。シュルツは高給の職をなげうって、スターバックスのマーケティング・マネージャーとなったのだ。

スターバックスの大転換

シュルツの入社は、スターバックスに大きな転機をもたらす。

彼は出張で訪れたイタリアのエスプレッソ・バーに感銘を受けた。イタリアでは、カフェが家庭、職場の次の「第三の居場所」といわれるくらい、市民にとって憩《つど》いの場所となっていた。

彼はそれをスターバックスに持ち込もうと考えた。

スターバックスでは、店頭で美味しいコーヒーの入れ方を学び、コーヒーの試飲もできるようになっていた。

しかし、あくまでコーヒー豆の販売店に過ぎなかった。

１９８４年、シュルツは経営者を説得し、４店舗で実験的にコーヒーバーを開設する。これはかなり当たったが、スターバックスの経営陣はコーヒー豆取引に固執し、コーヒーバーを展開することは受け入れなかった。

創業者の3人は、自分たちの好きなコーヒーをアメリカ人に飲んでもらう、というのが目的であり、事業を拡大することにはそれほど執着していなかったのだ。

そのため彼は1985年、自分でイル・ジョルナーレ社を設立し、スターバックスの豆を使ったコーヒーバーを展開する。イル・ジョルナーレ社には、スターバックスも出資しており、まったくの別会社というわけではなかった。スターバックスの経営陣は、イル・ジョルナーレのことを自分たちの豆を買ってくれる協力者のように思っていたのだろう。

イル・ジョルナーレ社のコーヒーバーは順調に業績をあげ、1号店の開店から半年後には2号店をオープンした。まもなく3号店をカナダのバンクーバーに開いた。

世界一のコーヒー店へ

イル・ジョルナーレの開業からまもなく、スターバックスの経営陣は会社を売りに出した。もともと、スターバックスの創業者たちは、商売に関してそれほど熱心ではなかった。スターバックスはもう十分に金を稼いでいたので、経営が良好なうちにやめてしまおうと考えたのだろう。

それを聞いたシュルツは、地元の投資家に協力を仰ぎ、スターバックスを買収する。このとき彼に協力した投資家は、サミュエル・ストロームなどの**地元のユダヤ人たち**だった。

その後、スターバックスは、コーヒーバーとテイクアウトを武器に急激に業績を伸ばし、わずか20年で世界30か国以上、7000店以上の店舗展開をする世界一のコーヒー小売企業になった。

スターバックスは、雇用の面でも進歩した会社だった。

従業員はアルバイトでも週20時間以上であれば、健康保険に加入できた。また社員にストックオプション（会社の株をもらえる権利のこと）の保有も推奨した。

スターバックスは、ユダヤ色の強い企業でもある。

名誉会長のシュルツは正統派ユダヤ教徒であり、経営陣ナンバー3だったハワード・ベーハーは改革派のユダヤ教徒である。

またシュルツは、イスラエルの政府関係者とも深いつながりを持っており、イスラエルに対して多額の支援もしている。2001年にはイスラエルを訪れ、外相と会談もしている。

◆スターバックス

設　立	1971年
本　社	アメリカ合衆国ワシントン州シアトル
代表者	マイロン・ウルマン（会長） ケビン・ジョンソン（CEO）
売上高	107億ドル（2010年）
店舗数	2万2519店（2015年）
従業員数	14万2000人

スターバックスは、ユダヤを象徴する企業として、アラブ諸国のボイコットの対象ともなっている。イスラエルのテルアビブにあるスターバックス店舗はたびたびテロに遭い、2003年にはいったんイスラエルから撤退することを表明している。

4 マイクロソフト・影の経営者

マイクロソフトの「第3の男」

コンピュータ業界のユダヤ人といえば、デルコンピュータの創業者**マイケル・デル**（1965〜）、コンパックの**ベンジャミン・M・ローゼン**（1933〜）、インテルの**アンドルー・グローヴ**（1936〜）など多彩である。

そしてコンピュータ業界の雄、マイクロソフトにもその成功にはユダヤ人が大きく関与している。

コンピュータに詳しい人ならば、「マイクロソフトにユダヤ人は関係ないんじゃないか」と思う人もいるだろう。

確かに創業者ビル・ゲイツはユダヤ人ではない。そしてビル・ゲイツの相棒として名高いポール・アレンもユダヤ人ではない。

スティーブン・アンソニー・バルマー（1956〜）

しかし、マイクロソフト第3の男ともいえる、元CEOのスティーブ・バルマーは、ユダヤ人なのである。技術屋かたぎのビル・ゲイツ、ポール・アレンに対して、同社の経営面を一手に引き受け、会社を急成長させてきたのは、彼なのである。

バルマーは1956年、デトロイトのユダヤ人家庭に生まれる。彼は少年時代、母方の祖父から大きな影響を受けた。祖父はデトロイトで、自動車部品販売業をしていたユダヤ移民である。

高校では卒業生総代を務めるほどの秀才であり、特に数学に秀でていた。

ハーバード大学に進学し、ビル・ゲイツと出会う。同じ寮に住んでいたのだ。

彼は社交的で、さまざまなグループと交際していた。また「ミスター課外活動」といわれるほど活動的で、文芸雑誌にかかわったり、フットボールのマネージャーをしたりした。

一方、ビル・ゲイツは勉強はやたらできるが、部屋に閉じこもっていることが多く、変人扱いされていたという。性格が正反対にも見える両者は、不思議にウマが合い親友として付き合っていた。

バルマーは、卒業後、P&G（プロクター&ギャンブル）社に入社する。

P&Gは、シャンプー、洗剤、紙おむつなど生活雑貨から食品までを広く手がけている会社である。日本でも積極的に展開しているので、P&Gという名前を聞いたことがある人も多いだろう。

彼はここでブランド・アシスタント、商標管理の仕事を行う。

商標管理とは、自社のブランドをいかに有効に活用するか、という業務である。バルマーのP&Gでの経験は、マイクロソフトを世界ブランドに仕立て上げるときに役に立っているといえるだろう。

彼は、しかし入社1年後の1979年には、P&Gを辞めてしまう。

そしてスタンフォード経営大学院に進んだ。

スタンフォード経営大学院は、経営大学院では全米で1、2を争う名門だった。彼は、経営大学院を出て、デトロイトで自動車メーカーに入るつもりだったのだ。

しかし、当時のアメリカの自動車産業は深刻な不況にあえいでいた。

一方、ビル・ゲイツはすでに、同級生のポール・アレンとともにマイクロソフトを立ち上げていた。

事業の拡大により人材を求めていたビル・ゲイツは、バルマーを執拗《しつよう》に誘う。彼は、シアトルの名士だった自分の両親まで動員して、バルマーを説得した。結局、バルマーは大学院を中退し、1980年、社長補佐としてマイクロソフトに入社する。

唯一の経営のプロ

バルマー入社当時のマイクロソフトに27人の社員がいたが、ほとんどはコンピュータの技術者だった。

コンピュータ関係のベンチャー企業が、どこもだいたいそうであるように、同社でも社員は皆、研究心旺盛で、昼も夜もなく仕事は続ける。しかし経営面にはだれも無頓着《むとんちゃく》というような状態だった。そのためバルマーが、ほとんど1人で経営面を担うことになった。

彼は入社してすぐに**給料の大幅カット**を実行した。

社員は皆、深夜まで会社にいるため、残業代が莫大になっていたのだ。それを見た彼は、残業代に制限を設け、その代わりボーナスを出すことにした。それでも、収入減になったことは確かだったので、社員の中から強い反発があった。

次に彼が行ったのは、**優秀な人材のスカウト**だった。

社交的な彼は、自身のコネクションを生かして、マイクロソフトの屋台骨ともなる人材を集めてきた。その中には、エクセルやワードを開発しコンピュータ開発史に名を残す、**チャールズ・シモニー**（1948〜）などもいた。

また彼は社員をつなぎとめるために、ストックオプションを取り入れた。前述のようにストックオプションとは、会社の株を購入する権利のことだ。

その権利があれば、社員は会社の株を持つことができる。会社が成長すれば一攫千金《いっかくせんきん》も夢ではない。社員は一生懸命働くことになる。

しかも会社にとっては株を買う権利を与えるだけなので、まったく懐《ふところ》は痛まない。ストックオプションは最近、日本の企業でも取り入れるところが増えており、ブームのようになっている。

しかしマイクロソフトは、80年代はじめにそれを実行していたのだ。

コンピュータ業界は社員の入れ替わりが激しい。長時間労働が当たり前で、労働環境は決してよくない。腕のいい技術者は、少しでも条件のいい会社に移っていく。

それを防ぐためにも、ストックオプションはうってつけのアイディアだったのだ。

ただし、アップルはマイクロソフトよりも先にこの制度を取り入れていた。マイクロソフトの企業性質として、自分たちで新しいものを創造するよりは、新しく出始めた優秀なものをいち早く取り入れる、というものがある。この企業精神が、マイクロソフトを単なる技術屋集団ではなく、巨大な企業へと押し上げていったともいえるだろう。

コンピュータの歴史を変えたMS-DOSとは？

バルマーが入社して間もなく、同社に大きなチャンスが転がり込む。

ＩＢＭの子会社が、小型コンピュータのＯＳ開発を打診してきたのだ。ビル・ゲイツとバルマーは、スーツを着込んでマイアミのＩＢＭに行き、契約を取り付けた。

マイクロソフトの快進撃は、そこから始まった。

パソコンに詳しい人ならば、ウィンドウズ系のパソコンは、ＭＳ-ＤＯＳというＯＳで動作していることを知っているだろう。

また、昔からパソコンを使っている人ならば、ウィンドウズ以前のパソコンは、MS-DOSの画面から始まっていたことを知っているだろう。

このMS-DOSは、どういう意味かご存知だろうか？

DOSというのは、DISK OPERATING SYSTEMの略である。そして、MSというのは、マイクロソフトの略である。つまり、このMS-DOSこそがマイクロソフトを世界企業に押し上げた商品なのである。

当時のパソコンというのは、まだ技術者が使うというイメージがあった。普通の人の知識では、とても操作できない難しいものだった。「**パソコンを使いやすいものにする**」というのは、パソコンメーカーの至上命題でもあった。

当時はパソコンが、現在のような巨大な市場になるとは、まだだれも知らない時代だった。

IBMがパソコンの開発を子会社にさせていたことからも、それはわかるだろう。パソコンメーカーも今のような大企業にはなっておらず、販売台数もたかが知れていた。

しかし、マイクロソフトが納入したIBMは世界最大のコンピューターメーカーである。子会社といえども、販売台数のキャパはこれまでのパソコンメーカーとは桁《けた》が違う。それが今後の趨勢《すうせい》に大きく関わってきた。

コンピュータというのは、その本体だけでは動かない。

ＯＳつまりオペレーティング・システムが必要なのである。いかに優れたオペレーティング・システムをつくるかで、コンピュータ技術者たちは、熾烈《しれつ》な競争を繰り広げていた。まだ世界標準となるようなＯＳは開発されていなかったからだ。

当時、ＱＤＯＳという優れたＯＳが開発されていた。

シアトル・コンピュータ・プロダクツ社のティム・パターソンがつくったもので、マイクロソフトは、いち早くこのＯＳに目をつけた。このＱＤＯＳを基にして、ＩＢＭ用のＯＳ開発をしようとしたのだ。

ビル・ゲイツとバルマーは、シアトル・コンピュータ・プロダクツ社にＱＤＯＳの使用許可を求めた。ＩＢＭのパソコンに使用するということは伏せていたので、わずか７万５０００ドルでその権利を獲得した。そしてマイクロ・ソフトはＱＤＯＳを改良したＯＳをつくり、ＩＢＭに納品した。

それがＭＳ-ＤＯＳなのである。

ビル・ゲイツとバルマーは、その後、シアトル・コンピュータ・プロダクツ社に対して、ＱＤＯＳをただの使用権から独占使用権へ切り替えている。ＱＤＯＳをＭＳ-ＤＯＳ以上の優れたＯＳに改良させないためにである。ライバル出現の芽《め》を事前に摘み取ったわけだ。

マイクロソフトの大戦略

ＩＢＭパソコンのＯＳに関しては、興味深い話がある。

当時、デジタル・リサーチ社がＣＰ／Ｍというパソコンを開発しており、それがパソコンのＯＳではもっとも優れているとされていた。

ＩＢＭも、はじめはＣＰ／Ｍを使おうとしたが条件面で折り合いがつかなかった。そのためマイクロソフトに依頼したのだ。

ＣＰ／Ｍは、すでに特許権使用料で何百万ドルも稼いでいた。ＩＢＭの条件は数十万ドルだったので、今さらＩＢＭに安値で販売することはないと踏んだのだ。

１９８１年8月、ＩＢＭはパソコン「ＩＢＭ-ＰＣ」を発売した。莫大なお金をかけて宣伝し、2年間で当時としては破格の50万台を売り上げた。このＩＢＭ-ＰＣがパソコンの標準となり、つまりＭＳ-ＤＯＳがパソコンＯＳの標準となったのだ。

しかしＭＳ-ＤＯＳが完成したとき、デジタル・リサーチ社からＣＰ／Ｍとの類似性を指摘された。ＩＢＭ社は、デジタル・リサーチ社から訴えられるのを恐れ、ＣＰ／Ｍ社にも特許使用料を払うことにした。そしてＩＢＭ-ＰＣの購入者がＭＳ-ＤＯＳを使うか、ＣＰ／Ｍを使うか選べるようにしたのだ（ＩＢＭ-ＰＣでは、ＣＰ／Ｍも使うことができた）。

しかし、ＣＰ／ＭはＭＳ-ＤＯＳの６倍の価格だったので、必然的に購入者はＭＳ-ＤＯＳを選んだ。

いかに優秀なパソコンといえども販売台数が少なければ、利用者もソフトも限られてくる。

◆マイクロソフト

設　立	1981年
本　社	アメリカ合衆国ワシントン州 レドモンド
代表者	ジョン・トンプソン（会長） サティア・ナデラ（CEO）
売上高	連結：1103億6000万ドル（2018年6月期）
従業員数	13万1300人（2018年6月末）

パソコン業界にとって、シェアの大きさが死活問題となるのだ。それは、ＯＳでも同じことである。性能のいいものが勝つのではなく、より多くのシェアを取ったものが勝つのである。

マイクロソフトはそのことにいち早く気づいた。だから当面の利益よりもシェアの拡大、ブランドの拡大を選んだのだ。その戦略は、同社の基本戦略となっていく。

パソコンＯＳの歴史を見ると、マイクロソフトは技術力で他社を圧倒してきたのではなく、巧みな戦略でシェアを獲得してきたといえる。

あるときはライバルを懐柔《かいじゅう》し、あるときは価格戦争でぶちのめす。そうやってライバルが出てこない状態をつくってきたのだ。

これは、技術屋のビル・ゲイツだけでは到底思いつくことができるものではなく、経営戦略に長けたバルマーによるところが大きいといえるだろう。

またこの戦略は、ダイヤモンドや、昨今の企業買収でも見られるように、ユダヤ企業によく見られるものでもある。市場を独占することがいかに大きな利益を生むか、ユダヤ系企業家たちはよく知っているのである。

１９９８年にはバルマーはマイクロソフトの社長に、２０００年には最高責任者となっている。

5—ハリウッド・砂漠の中に出現した映画の都

アメリカ映画は東欧系ユダヤ人がつくった

アメリカの映画産業は、ユダヤ人の存在抜きには語れない。

ＭＧＭ、ワーナーブラザーズなどアメリカの大手映画会社の大半が、ユダヤ人の創業によるものである。また**スピルバーグ**（1946〜）をはじめとして数々の監督や、**チャップリン**（1889〜1977）や**オードリー・ヘップバーン**（1929〜1993）など、俳優陣にもユダヤ人は多い。ハリウッドはユダヤ人の牙城ともいわれるのだ。

なぜ、アメリカの映画産業をユダヤ人が占めるようになったのか？

20世紀初頭、映画はユダヤ人に限らず、アメリカ移民にとって重要な娯楽の1つだった。映画が出現する前の世界の娯楽は、芝居が中心だった。

が、移民の国アメリカでは、言葉がわからない人も多かったので、芝居はだれもが楽しめるものではなかった。しかし映画の草創期は無声（サイレント映画）だったので、言葉がわからなくても楽しむことができた。

またなにより映画は入場料が安かった。映画館主は映画の版権料だけを支払えばいい。芝居を上演したときの出演者の出演料より格段に安く、しかも1日に何度も上映することができる。映画は草創期から、労働者の時給程度で観ることができた。また、田舎の映画館でも都会と同じ映画を上映できる。

そのため映画は19世紀末の発明以来、またたくまに世界に浸透していったのである。

当然のことながら草創期の映画は新興産業である。

既存のショービジネス関係者たちは、映画を将来性のあるビジネスとは考えていなかった。音声も出ず上映時間も短い映画は、芝居よりも一段低いものとみなされていた。

しかし、それまでショービジネスに関与していない新参者にとってまたとないビッグチャンスだった。

当時の映画産業というのは、今よりもはるかに小資金で参入することができた。映画館は、空き家や倉庫を利用した掘っ立て小屋に毛の生えた程度のものばかりだったので、少しお金があれば簡単につくることができた。

また映画の撮影費用も、安く抑えようと思えばかなり安くできた。芝居の公演費用に比べると格安で映画をつくることも可能だった。

そこに飛びついたのが**東欧系ユダヤ人**だった。

ちょうどこの頃、アメリカにユダヤ人の第二次移民の波が押し寄せていた。

ユダヤ移民の第一次の波はおもにドイツ系だった。彼らはすでに金融界などで、地位を築きつつあった。

しかし東欧系ユダヤ人には、まだ居場所がなかった。そのため彼らのうちで、小金を貯めたものがこぞって映画産業に参入してきたのだ。

自動車のセールスマンをしていたポーランド系ユダヤ移民**ハリー・ワーナー**（1881〜

1958）は、貯めた金で、兄弟3人とともに小さな映画館をつくった。彼らはやがてフィルムの製作にも乗り出した。

それが後の「ワーナーブラザーズ」となる。

ハンガリー系ユダヤ移民の**アドルフ・ズーカー**（1873～1976）は、毛皮商から映画フィルムの配給業に転進し、それが「パラマウント映画」となる。

廃品回収業者をしていたリトアニア系ユダヤ移民の**ルイス・B・メイヤー**（1884～1957）は、映画館を開いた後、ユダヤ系映画配給業者と組んで、MGM（メトロ・ゴールドウィン・メイヤー）という映画製作会社をつくった。

ハリウッドはユダヤ人がつくった

現在、映画の都と言えば、ハリウッドである。

このハリウッドをつくったのも、実はユダヤ人たちなのだ。

20世紀の初頭のハリウッドというのは、未開の地だった。当時のロサンゼルスの人口はわずか1万5000人だった。ロサンゼルスから少し離れているハリウッドには、人はいないも同然だった。

なぜこんな田舎に、映画の都がつくられたのか。

そこには、映画草創期のドタバタ劇があるのだ。

映画というのは、もともとは発明王エジソンがつくったものだ。映画撮影に関しては、エジソンが特許を持っていた。だから映画をつくる場合は、彼に特許料を支払わなければならなかったのだ。

しかし当時の映画製作業者というのは、映画館主がゲリラ的に始めたものばかりだった。当時の映画は、１本20～30分程度。それを１日に数本上映する。３～４日でプログラムを換えていたので、慢性的にフィルムが不足していたのだ。エジソンの映画会社など正規の製作会社がつくったものだけではとても足りない。

そこで、映画館主たちが、独自にフィルムをつくり始めた。

つまり当時の映画製作会社の多くは、違法的に映画をつくっていたのだ。

特許を持っているエジソンも黙ってはいない。製作現場に踏み込んでカメラを壊してしまうなどの荒技で、不法な映画製作を止めさせようとした。

映画会社はエジソンの目を盗んでは映画を撮る、エジソンはそれをどうにかして発見しようとする。ドタバタ喜劇さながらのいたちごっこを繰り広げていた。

やがて映画製作会社側は、エジソンの目の届かないところで映画をつくることを思いつく。

「人里離れたところで映画をつくれば、エジソンもわからないだろう」

そこで、ハリウッドが選ばれたのである。ハリウッドとは、そこが見渡す限りの森林地帯だったのでそう名づけられたのである。

しかも、1年のうち雨がほとんどないので、映画撮影にはうってつけの場所だった。近くに砂漠もあるので、西部劇を撮るのにも都合がいい。労働者の賃金も、ニューヨークやシカゴなどに比べれば、格段に安い。

1911年にネストール・フィルムという会社が撮影所を構えて以来、東欧ユダヤ系の映画製作会社が続々と集まってきた。それが、現在のハリウッドの成り立ちなのである。

1917年には、独占禁止法によりエジソン側が違法となり、晴れて自由に映画がつくられるようになった。

アメリカ映画産業は、戦後の一時期テレビに押されて衰退したこともあった。しかし、ビデオ・ソフト産業が発達するなどで盛り返し、今でもアメリカの重要な産業の1つである。

ユダヤ系の映画会社は、現在は資本が入れ乱れ、ワスプ（キリスト教の白人）や日系企業さえも参加し、純然たるユダヤ系企業というのはほとんどない。しかしスピルバーグをはじめ、ユダヤ系の映画関係者は、相変わらずハリウッドの主役であり続けている。

6 ─ダイヤモンドを独占しているユダヤ企業

ダイヤモンド・シンジケート

ダイヤモンドというと、宝石の中でも最高級のものである。

「ダイヤモンドは高いもの」

と、だれもが疑いもせずに思っている。

「なぜ、ダイヤは高いのか？」

そう問われれば、ほとんどの人がこう答えるだろう。

「ダイヤは希少価値があるので高いのだ」と。

しかし実はそうではない。

確かにダイヤモンドは希少なものだが、これほど高額になるほど希少なものではない。ならば、なぜダイヤモンドは高いのか、というと、そこには**ユダヤの錬金術が隠されているの**だ。

ダイヤモンドというのは、実は1つの企業によって支配されている。1つの企業がダイヤモンドの70％以上を確保しているのだ。

このダイヤモンドを独占している企業の名はデ・ビアス社である。

デ・ビアス社というのは正式名称「デ・ビアス・コンソリデーテッド・マインズ社」といい、ロンドンに本社がある。1888年にセシル・ローズというユダヤ人によって設立され、会社の中枢はほとんどがユダヤ人によって占められている。

同社は、世界のダイヤモンド販売の70％以上を占めている。会社自体が、南アフリカのダイヤモンド鉱山をいくつも持っており、他の地域の鉱山は生産者から委託を受けている。

同社は、ダイヤモンドを決して安く売ることはない。だからダイヤモンドは、常に高額となっているのだ。

同社の価格支配は徹底している。

ダイヤモンドの原石の価格は、同社が必ず決めるようになっている。世界中のダイヤモンドは、発掘された後はいったんロンドンの「ダイヤモンド・トレーディング・カンパニー」というところに集められる。これは、デ・ビアス・グループの中心的な会社である。

この「ダイヤモンド・トレーディング・カンパニー」において、厳密な基準に従って原石の価格が決められるのだ。

そして、この原石を直接買えるのは、同社から指定された200程度の業者に限られている。

セシル・ジョン・ローズ
（1853～1902）

デ・ビアス銀座本店。日本最後の店舗だったが17年に撤退

この２００社のほとんどはユダヤ人だとされている。

　日本で販売されているダイヤモンドのほとんども、この２００社のうちのだれかの手を経ているのだ。

　ダイヤモンドはユダヤ人の手によって握られているといわれる所以《ゆえん》である。

　デ・ビアス社は、取引業者に対して以下の取り決めをしている。

ルール1　割り当てに異議を唱えてはならない
ルール2　価格競争をしてはならない
ルール3　割り当てはすべて受け取るか、まったく受け取らないか（取引をしないか）のどちらかしかない
ルール4　割り当てられたダイヤモンドを未研磨のまま転売してはならない

ルール5　ダイヤモンドに関するあらゆる情報を提供すること
ルール6　ダイヤモンドを弱小業者に売ってはならない

これを見れば、取引業者は完全にデ・ビアス社の言いなりだということがわかる。

またルールを守らなければならないのは、直接の取引業者ばかりではない。卸売価格、小売価格も決められており、業者はこれを厳守しなければならないのだ。

もし、この価格を破って安売りしたならば、その業者には取引停止が待っている。だから、輸入業者のみならず、端末の小売店にいたるまで、ダイヤモンドの価格を守らなければならないのだ。

つまり、**ダイヤモンド市場は完全にシンジケート**となっており、価格管理されているのだ。

世界中のダイヤモンド業者は、このシンジケートの中にある。

日本の田舎の宝石店などでも、決してダイヤモンドの安売りはしないのである。業者たちもこれを守ることによって利益を保ってきたのだ。

デ・ビアス社は、買い占めたダイヤモンドをプールしておき、決して大量放出したりはしない。価格が下がらないように常に配慮しながら市場に流すのである。そのためダイヤモンドは決して値崩れをしないのだ。

1954年にシベリアでダイヤモンドの大鉱脈が発見され、旧ソ連はダイヤモンドを大量に安く売ろうとしたことがある。

しかし、デ・ビアス社が莫大な資金を使ってそれを買い占めたため、ダイヤモンドの価格は維持された。それ以降、ソ連も同社を通してダイヤモンドの販売をすることになった。ソ連としても、ダイヤモンドを高く買ってくれるほうがいいからである。

ダイヤモンド市場というのは、**ユダヤ錬金術を象徴する**ものだといえる。

閉鎖的なシンジケートをつくり、中枢にはユダヤ人を据えて、情報は絶対に漏らさない。市場を支配し価格を維持することによって、莫大な利益を上げる。

ダイヤの生産業者、流通業者も、ダイヤの価値が高いほうがいい商売になる。ダイヤモンドを買う人も、ダイヤモンドの値が下がらないので、安心して買うのである。つまり、自分たちに関わる人を潤すことによって、自分たちの牙城を守っているのである。

ダイヤモンドの販売戦略

ダイヤモンドは、もともとは王侯貴族の装飾品や、教会の宗教用具としてしか利用されていなかった。高価だったからということもあるが、一般の人々にとってダイヤモンドはなじみの薄いものだったのだ。

しかし、19世紀末に南アフリカでダイヤモンドの鉱山が相次いで発見され、それまでの需要では価格破壊が起きる可能性が生じた。

ダイヤモンドの販売を一手に引き受けていたユダヤ商人たちは、ダイヤの値が下がらないように、王侯貴族や教会だけではなく、一般の人々もダイヤモンドを買うように働きかけた。

婚約のときにダイヤの指輪を贈るのは、世界中でかなり一般的になっている。これはデ・ビアス社の会長のハリー・オッペンハイマー（1908～2000）が1939年に考え出したといわれている。

ユダヤ人は、古来から婚約するときに指輪を贈る風習があった。それを西洋社会全般に広め、ダイヤモンドの価値を需要を高め、その価値を維持したのだ。

現在、日本でも婚約の印としてダイヤモンドの指輪を贈るということが当然のように行われている。この習慣を根付かせたのも、デ・ビアス社なのである。

1960年代まで、日本にはそんな習慣はなかった。しかし、経済力をつけつつあった日本人にダイヤモンドを売ろうと考えたデ・ビアス社は、広告代理店J・ウォルター・トンプソン社による一大キャンペーンを展開した。

CMで目鼻立ちのくっきりした西洋風の美人女性が、ダイヤモンドの指輪をはめている。スポーツやドライブなど当時の日本女性がまだ行っていなかった行動とともに、指に光るダイヤモンドが豊かさと先進性の象徴に見えた。

このキャンペーンは大成功し、1968年には婚約で指輪の贈答が行われたのは5％に過ぎなかったのに、1972年には27％、1981年には60％以上のカップルがダイヤモンドの指輪を婚約の象徴としたのである。

シンジケートはイスラエルによって崩されつつある

ダイヤモンドの研磨、販売は、**ユダヤ人にとっての専売特許**ともいえるものだった。有史以来、ダイヤモンドの販売を引き受けてきたのはユダヤ人だったからだ。

実は多くのユダヤ人にとって、デ・ビアス社の独占は必ずしも好ましいものではない。シンジケートの中にいるユダヤ人にとって、同社の存在はありがたいものだったが、それ以外のユダヤ人にとっては迷惑でしかなかった。

そのため、デ・ビアス社のシンジケートを同朋のユダヤ人が壊しはじめるのだ。

1939年のことである。

イスラエルに2人のユダヤ人難民がたどり着いた。彼らはベルギーのアントワープのダイヤモンドの研磨業者だった。アントワープのダイヤモンド研磨業者のほとんどはユダヤ人だったが、ナチスの侵攻によって、彼らは住む場所を追われることになった。その後、アントワープから次々とダイヤモンド研磨業者たちがイスラエルにやってきた。

１９４７年、イスラエルが独立すると、ダイヤモンド研磨業はイスラエルにとっての新しい産業になっていった。

さしたる産業を持たない新興国イスラエルにとって、ダイヤモンド研磨業、ダイヤモンド販売業は、国家の重要な産業の１つだった。政府は、ダイヤモンド研磨業に積極的な支援を行った。

その大事な産業が、外国企業であるデ・ビアス社に完全に牛耳られていることは、必ずしもいいことではなかった。だからユダヤ人国家であるイスラエルと、ユダヤ系企業の代表格であるデ・ビアス社は対立することになる。

その対立が表面化したのが、１９７８年のことである。イスラエルのダイヤモンド研磨業は、通貨切り下げの影響もあり、世界的な競争力をつけていった。１９７５年、イスラエルのダイヤモンド輸出は、非農産物輸出の40％を占めていた。そのため、イスラエル以外の地域、ニューヨークやアントワープのダイヤモンド研磨業者を窮《きゅう》地《ち》に追い込んでいった。

業界内での競争を好まないデ・ビアス社は、イスラエルへのダイヤモンド供給を減らすなどの処置を講じた。それに対して、イスラエルの業者は、同社以外から未研磨のダイヤモンドを高く購入することで対抗した。

デ・ビアス社は、イスラエルに未研磨のダイヤモンドを横流しした業者との取引停止をし、イスラエルの銀行に圧力をかけるなどをして、イスラエルのダイヤモンド業者を封じ込めた。

しかしイスラエルには、多くのダイヤモンド研磨業者が続々と流入し続けてきている。イスラエルのダイヤモンド研磨業は急発展し、現在は世界全体の80%以上を占めるようになった。

これまでデ・ビアス社を中心に回ってきたダイヤモンド業界も、イスラエルの存在を無視できなくなってきた。そのため、デ・ビアス社のダイヤモンド・シンジケートもほころび始めている。以前は、ダイヤモンドの供給の90%以上を占めていたが、現在では70%程度になっているのだ。

皮肉にもユダヤ人がつくったダイヤモンド・シンジケートは、ユダヤ人によってその一角が壊されようとしているのである。

◆デ・ビアス

設立	1888年
本社	英国ロンドン
代表者	マーク・キューティファニ（会長） ブルース・クリーバー（CEO）
売上高	61億ドル（2016年）
従業員数	約2万人以上

7 ラスベガスをつくったユダヤ・マフィア

禁酒法とユダヤ・マフィア

１９２０年代、アメリカが禁酒法を施行していたとき、マフィアが暗躍し酒の密売で莫大な富を得ていたことが知られている。

このときのマフィアには、イタリア出身者と並んで、ユダヤ系移民が多数を占めていた。

１９３０年に、クリーブランド市警察が犯罪者のブラックリストをつくったところ、74人のうちユダヤ系が27人を占めてもっとも多かった。以下、ドイツ系15人、イタリア系12人の順だった。

マフィアというと、イタリア・シチリア島出身というイメージが強いが、ユダヤ系マフィアもイタリアに負けず劣らず暗躍していたのである。

アメリカ・ギャング映画の「ワンス・アポン・ア・タイム・アメリカ」はユダヤ系マフィアの興亡を描いたものである。１９３０年代のアメリカでは、反ユダヤ主義が隆盛をきわめたが、

マイヤー・ランスキー
(1902〜1983)

ベンジャミン・シーゲル
(1906〜1947)

それにはユダヤ・マフィアの影響もあったのだ。

ユダヤ人に、なぜマフィアが多かったのか。

ユダヤ人はみな金持ちに見られがちだが、そうではない。ユダヤ人でも、低所得者はかなりいる。特に、移民してきたばかりのユダヤ人に貧困層が多かった。マフィアの世界に身を投じる素地はあったのだ。

またマフィアというのは下っ端はともかく、幹部ともなると表の世界以上の才覚が求められる。そしてマフィアとして力をつけるには、ギャング同士の団結力やコネクションが必要である。頭がよく、同族同士の団結力の強いユダヤ人は、マフィアの中で台頭する条件を満たしていたのである。

ユダヤ系マフィアの中でもっとも有名なのは、マイヤー・ランスキーである。

1911年、ランスキーは9歳のときに、ポーランドからの移民として両親とともにアメリカに来た。16歳のときに、すでに名うてのギャングとなっていたユダヤ系のベンジャミン・シーゲルを出会い、マフィアの世界に入る。

マフィアとしての能力に長けていたランスキーは、相棒のシーゲルとともにたちまち頭角をあらわす。

時はまさに禁酒法時代である。

この時期、アメリカ中のマフィアは、好景気に沸いた。「酒」さえ手に入れれば、だれだって莫大な金が手に入る。しかも酒は禁制品で、ギャング以外には手に入らない。彼らはこぞって工業用アルコールから密造酒をつくったり、隣国カナダから酒を密輸した。

ランスキーとシーゲルは、このころまだ10代だったが、酒の密売にしっかり食い込んでいた。彼らは、イタリア系移民チャーリー・ルカーニア（のちのラッキー・ルチアーノ）などとギャング団をつくり、他のギャング団と協力しつつ酒を手配しては売りさばいていた。

彼らが賢かったのは「良質な酒」を扱ったことである。

酒であればなんでも売れた時代である。密輸ウィスキーを薄めたり、工業用アルコールを加工したりして、大量に粗悪品をつくったとしても売れた。

しかし彼らは、密輸したウィスキーをそのまま売ったので、マンハッタンの上客をつかむことができたのだ。

全盛期には供給が需要に追いつかず、彼らも混ぜ物の酒を扱うことになるが、このときも瓶《びん》とラベルは本物を用意し、純アルコールと着色用のカラメルを使って巧妙に酒の味を誤魔化《ごまか》した。

ほとんどの客は、彼らの売ったウィスキーは本物だと信じていたという。

ラスベガスを大歓楽街に

酒の密売で、多額の資金を得た彼らは、禁酒法が廃止された後も、新たなブラック・ビジネスを次々と開拓していく。

ランスキーは強いリーダーシップを発揮し、強固な組織をつくり、他のギャングとの協定を結び縄張りを決める。

ユダヤ人得意の「**シンジケート**」と「**カルテル**」である。

組織はみるみるうちに拡大していった。もし彼らが非合法行為をしていなければ、有能なビジネスマンとして賞賛されたかもしれない。

ランスキーは、闇の世界と表の世界をうまく行き来して、双方から莫大な利益を上げていた。

第二次大戦中は、秘密裏に軍の要請を受け、港湾労働者に物資輸送の協力をさせたりもした。

ラスベガスの夜景

第二次大戦後、相棒のシーゲルが、ラスベガスに一大歓楽街をつくることを思いつく。

当時のラスベガスは、鉄道施設があるだけの田舎街だった。

が、カジノが儲かることを知っていたシーゲルは、巨大なカジノ・マーケットを自分でつくろうと思い立ったのだ。そして酒の密売などで得た資金を投入し、ラスベガスに最高級ホテル「フラミンゴ」を建設する。以降、ラスベガスは、世界有数のカジノ街として発展していくことになる。

ランスキーは当初、シーゲルに協力し、ホテル・フラミンゴの建設資金を融通していたりしたが、金銭問題で仲たがいをする。

「シーゲルが利益を独り占めしようとしている」

という疑いがもたれたのだ。

そして１９４７年、シーゲルは愛人の家にいるところを銃で撃たれて死亡した。

彼の後釜に坐ったのは、ランスキーである。ラスベガスは合法的なカジノ街として大きく発展し、アメリカの代表的な観光地になっていくことになる。

またランスキーは、バティスタ政権下にあったキューバ・ハバナでカジノ独占権を得て、ここでも大成功を収めた。最盛期には1億ドルから1億5000万ドルの資産があったとされ、全米ユダヤ人富豪番付にも名を連ねた。

しかし、彼の晩年も、あまり幸福なものではなかった。

莫大な資産はあるものの、これまで犯した様々な罪を問われ、司法当局に狙われる身となった。ランスキーは、アメリカ各地を逃げ回り、イスラエルへの入国も試みたが果たせなかった。最後はマイアミ・ビーチで、警護に囲まれた中で生涯を終えた。

ラスベガスを観光地に変えたユダヤ人

ラスベガスというと、「ギャンブルとマフィアの街」というイメージが長く付きまとってきた。

しかし、昨今、ラスベガスはカジノだけではなく、家族連れでも楽しめる観光地に変わろうとしている。

ウィンラスベガス

それを演出したのは、**スティーブ・ウィン**（1942～）というユダヤ人である。

ウィンの父親は旅芸人だったが、大変なギャンブラーだった。ウィンは少年時代、父親に連れられ、ラスベガスに2週間滞在したこともあった。父親が死んだとき、20万ドル以上の借金が残っていたのだ。

しかし父親は、ウィンを大学に行かせてくれた上、ラスベガス・カジノ界でのコネクションをつくってくれていた。彼はそのコネクションを生かして、カジノ界へ進出した。

彼は、有名なユダヤ系投資家マイケル・ミルケンと知遇を持っており、ミルケンから総額10億ドルもの融資を受けた。その資金で、ラスベガスに今までにないカジノ・ホテルを建設する。

ウィンはカジノ・ホテルに、カリブの海賊をイメージしたテーマ・パーク「宝島」を隣接させ、大人だけではなく、子供も楽しめる空間を用意したのだ。ウィンの事業は大成功を収め、その結果、ラスベガスは、これまでのギャンブルだけのイメージを脱却したのだ。

ウィンは2005年には、世界最大級のホテル「ウィン・ラスベガス」をパチスロ会社経営者の日本人、岡田和生氏と共同で建設した。この巨大なホテルは、ラスベガスの新しい名所となっている。

第2章

ユダヤ商法の神髄「ユダヤ教の教え」

ユダヤ人とは「ユダヤ民族」のことではない

「なぜユダヤ人は金儲けがうまいのか？」

ということをひも解くためには、まずユダヤ人とは何者なのかということを知らなければならない。

日本人にとっては、そもそもユダヤ人とは何者なのかさえ、わかりにくいところである。

ナチスのユダヤ人迫害に象徴されるように、ユダヤ人は「迫害され、虐《しいた》げられてきた人々」というイメージも強い。

が、日本人にとっては、なぜユダヤ人が迫害されたのかというと、なかなかピンとこないはずだ。

誤解されやすいところだが、ユダヤ人とは「ユダヤ民族」のことを指すのではない。「ユダヤ教を信仰するもの」を指すのである。

ユダヤ教というのは、約3000年前ごろにパレスティナ地方（古代イスラエル地方）で起こった宗教だとされている。

このユダヤ教というのは、「聖書」を聖典とし、人々の相互扶助を宗《むね》とする宗教である。世界的に有名な「聖書」というのは、キリスト教のイメージが強いが、実はユダヤ教の聖典なのである。

このユダヤ教を信仰する人々のことを「ユダヤ人」というのである。

「ユダヤ教を信仰する人々はユダヤ民族なのじゃないか？」

と思う人もいるだろう。

が、実は、ユダヤ民族とユダヤ教信者とは、若干の相違があるのだ。

ユダヤ教の３０００年の歴史の間には、もとからのユダヤ民族だけじゃなく、ユダヤ教に改宗してユダヤ人になった人も、かなり多いのである。

「だれをもってユダヤ人とするのか」

という定義は、１９４８年にイスラエルが建国されるまではなかった。

それまでは、ユダヤ教徒やユダヤ共同体に身を置くものをユダヤ人としてきたのだ。現在のイスラエル帰還法（ユダヤ人はだれでもイスラエルに帰還できるという法律）の定義では、ユダヤ人とは「母親がユダヤ教徒か、自分自身がユダヤ教徒」ということになっている。

だから、日本人でもユダヤ教に改宗すれば（非常に難しい手続きがあるが）、ユダヤ人になれるのだ。今のユダヤ人と呼ばれる人たちも、必ずしも古代からのユダヤ民族の末裔《まつえい》ではない。

ユダヤ人には、ヨーロッパ系の人々もいれば、アラブ系の人々もいる。黒人のユダヤ人もいるしアジア系のユダヤ人もいるのだ。

ユダヤ人とユダヤ民族の違いとは？

ユダヤ人は、もともとはパレスティナ地方に国を持っていた。

しかし、エジプトやローマなどの強国に蹂躙《じゅうりん》され、国を失ってしまった。

国を失った彼らは、離散したり、各地を放浪することになる。

しかし彼らは、ユダヤ教を信仰することで、民族としての連帯と高い文化を維持し続けてきた。そうすることで、「ユダヤ人」が消滅することを防いできたのである。

が、前項でも述べたように現在のユダヤ人は、この古代パレスティナ地方にいたユダヤ民族だけではない。

現在、ユダヤ人と呼ばれる人々には大きく分けて2つの民族がある。

ポーランドなど東ヨーロッパを中心に居住していたアシュケナージ系ユダヤ人（白人系）と、おもにイベリア半島に居住していたセファルディム系ユダヤ人（アラブ系）である。

このうち、アシュケナージ系ユダヤ人の出自に関しては変わった学説もある。

650年に成立したハザール王国が、突然、国教をユダヤ教に統一したらしいというのだ。このハザール王国というのはイスラム帝国とビザンツ（東ローマ）帝国の緩衝《かんしょう》地帯にあった。イスラム帝国というのは、ご存知のようにイスラム教の国である。そして、ビザンツ帝国というのは、キリスト教の総本山的な国だった。

ハザール帝国は、両方の勢力とうまく付き合わなくてはならず、イスラム圏にも、キリスト教圏に属するわけにもいかなかった。そこで、イスラム教とキリスト教の先祖であるユダヤ教に国王が改宗し、国民もそれにならったというのだ。

ハザール王国は1016年に滅んだが、この住民が東欧やロシアに移住し、アシュケナージ系ユダヤ人となったという。

聖書の中に出てくるユダヤ民族は、中東の民族である。

アシュケナージ系ユダヤ人のような白人は、本来ユダヤ民族ではありえないところでもあるが、現在、ユダヤ人とされている人には、白人が多い。だから、ハザール王国の末裔がアシュケナージ系ユダヤ人になったというのは、十分に考えられる学説である。

また当のユダヤ人たちは、アシュケナージ系ユダヤ人の出自がどこであるかは、あまり気にしていないようである。

聖書では、ユダヤ民族には12の支族があり、そのうち10支族が北イスラエルに、2支族がユダ王国にあったことになっている。

歴史学的に、北イスラエル王国にいた10支族の消息はわかっておらず、「ユダヤの失われた10支族」といわれ、世界各地にユダヤ民族漂着伝説を残している（日本にも失われた10支族のうちの1つが漂着したという伝説がある）。

このように現在のユダヤ人は必ずしも遺伝子上の子孫というわけではない。ユダヤ民族は、長い放浪の歴史の中で、混血を繰り返したり、改宗者を受け入れたりしてきた。そのため、1つの民族の末裔というわけではないのだ。

そして現在、世界中で富を稼いでいるユダヤ人の多くは、アシュケナージ系ユダヤ人なのである。つまり、現在の「金持ちユダヤ人」というのは、古代パレスティナに住んでいたユダヤ民族の末裔ではない可能性があるのだ。

だからユダヤ人がなぜ金儲けがうまいのか、ということを考えた場合、「血筋」は関係ないのである。

ユダヤ教はキリスト教とイスラム教の源流

ユダヤ人の金儲けのうまさが、「血筋」ではないとなると、何が原因なのか？

なぜいつの時代にも、彼らが世界経済の上位を占めるのか？

その答えを得るカギは、ユダヤ教にあるといえる。

先ほども述べたように、ユダヤ人というのは、ユダヤ教を信仰している人々である。つまり、彼らとそのほかの人々を区別するのは、「ユダヤ教を信仰しているかどうか」ということだけである。

ということは、ユダヤ人が金儲けがうまい理由は、ユダヤ教の中にあるといえるだろう。

では、ユダヤ教のどこに、金儲けの秘訣があるのか？

これも、学術的にもさまざまな検討されてきたところであるが、まだ明確な結論は得ていない。

先ほども少し触れたように、ユダヤ教というのは、キリスト教の原型でもある。

イエス・キリストは、ユダヤ教の形骸化を批判し、表面的な宗教儀礼を重んじるのではなく、本来の「相互扶助」の精神を訴えた。

が、イエス・キリストの教えは当時としては「異端」であり、ユダヤ人社会には受け入れられず、十字架にかけられてしまった。キリストの死後、このイエス・キリストの教えは爆発的に広まった。

それがキリスト教なのである。

つまり、言ってみれば、キリスト教というのは「ユダヤ教の分派」なのだ。

キリスト教では、ユダヤ教の聖典である聖書をそのまま聖典として使いながらも、イエスの言葉やイエスの行動を記した新しい聖書をつくった。そして、もともとの聖書のことを「旧約聖書」と呼ぶようになり、新しくつくった聖書を「新約聖書」と呼ぶようになったのだ。

またイスラム教も実はユダヤ教から生まれた宗教なのである。

イスラム教はメッカの商人マホメットが開眼した宗教だが、その原点は聖書(ユダヤ教の聖書)にあるのだ。

だから、実はユダヤ教もキリスト教もイスラム教も根本の精神は似ているのである。いずれも、**「人々が助け合い愛し合うこと」**を旨としているのである。これは、仏教も似ているといえる。

が、ユダヤ教徒には経済的成功者が多いという事実がある。

ということは、ユダヤ教には、何か他の宗教とは違う一面があるということだ。

そして、それをあぶりだせば、ユダヤ人の成功の秘訣《ひけつ》が見えてくるはずだ。

誰かを神格化したり指導者を妄信したりしない

ユダヤ教の教義の大本は聖書である（ユダヤ教では旧約聖書とはいわない。ユダヤ教徒にとって、聖書とは旧約聖書だけだからだ。聖書を旧約と新約に分けているのは、新約聖書を持つキリスト教徒だけである）。

だが、彼らは旧約聖書だけをよりどころとしているわけではない。旧約聖書のほかに、タルムードと呼ばれる聖書の運用マニュアルのようなものを用いている。

タルムードというのは、２０００人にのぼるラビによる聖書の解釈集のようなものだ。このタルムードは常に新しい考えを取り入れ、今でも上書きされている。ラビとは、ユダヤ教の指導者のことである。

ユダヤ教が、他の宗教ともっとも違う点は何かというと、まず第一に挙げられるのが

「だれかを神格化しない」

「神格化された宗教指導者が存在しない」

ということである。

普通、宗教というのは、だいたいだれかを神格化しているものである。

キリスト教の場合では、イエス・キリストやその母のマリアを神格化しているし、仏教の場合では、釈迦《しゃか》を神格化している。釈迦の後にも、空海など神格化されている僧はかなりいる。

またほとんどの宗教では、宗教指導者が非常に尊敬され、人々に強い影響力を持っている。キリスト教でも、イスラム教でも、ヒンズー教でも、仏教でも、世界中のほとんどの宗教で、人々に大きな影響力を持つ宗教指導者が存在してきた。

が、ユダヤ教には、だれかを神格化したり、宗教指導者を絶対的に敬愛するというような思想がないのだ。

モーゼがややそれに近い存在ではあるが、でもユダヤ教徒たちはモーゼの名を唱えて、祈ったりすることはない。そして、ユダヤ教の教義論争の中では、モーゼも批判の対象となったりすることもある。

このことは、ユダヤ教の特色を考える上で重要なポイントだといえる。

ユダヤ教では、神以外に絶対的な存在がいないということなのだ。

「**神の次は自分**」という位置づけになる。

ユダヤ教にもラビと呼ばれる指導者はいるが、それは絶対的な存在ではなく、アドバイザーのような存在である。

◎主なユダヤ人のノーベル賞受賞者一覧

文学賞

受賞者	年	国	受賞理由
アンリ・ベルクソン	1927	フランス	豊かで活発な発想と、それが表現された鮮やかな技巧に対して
ボブ・ディラン	2016	アメリカ	アメリカの偉大な歌の伝統に、新たな詩的な表現を創造したこと

化学賞

アドルフ・フォン・バイヤー	1905	ドイツ	有機染料およびヒドロ芳香族化合物の研究
フリッツ・ハーバー	1918	ドイツ	アンモニア合成法の開発
ハーバート・ハウプトマン	1985	アメリカ	結晶構造を直接決定する方法の確立

生理学・医学賞

カール・ラントシュタイナー	1930	オーストリア	人間の血液型の発見
セルマン・ワクスマン	1952	アメリカ	ストレプトマイシンの発見
ジョシュア・レーダーバーグ	1958	アメリカ	遺伝子組換えおよび細菌の遺伝物質に関する発見
ブルース・ボイトラー	2011	アメリカ	自然免疫の活性化に関する発見

物理学賞

アルベルト・アインシュタイン	1921	ドイツ	光電効果の法則の発見等
ニールス・ボーア	1922	デンマーク	原子構造とその放射に関する研究
ヴォルフガング・パウリ	1945	オーストリア	パウリの原理とも呼ばれる排他原理の発見
リチャード・P・ファインマン	1965	アメリカ	量子電磁力学の分野における基礎研究
アーサー・アシュキン	2018	アメリカ	超高出力・超短パルスレーザーの生成方法の開発

平和賞

ヘンリー・キッシンジャー	1973	アメリカ	ベトナム戦争の和平交渉

経済学賞

ポール・サミュエルソン	1970	アメリカ	静学的および動学的経済理論の発展に対する業績と、経済学における分析水準の向上に対する積極的貢献を称えて
ミルトン・フリードマン	1976	アメリカ	消費分析・金融史・金融理論の分野における業績と、安定化政策の複雑性の実証を称えて
ロバート・フォーゲル	1993	アメリカ	経済史に経済理論や数量分析を導入
ジョセフ・E・スティグリッツ	2001	アメリカ	情報の非対称性を伴った市場の分析
ポール・クルーグマン	2008	アメリカ	貿易パターンと経済活動の立地に関する分析

※ユダヤ人は世界の人口の0.2%であるのに対し、ノーベル賞受賞者のうち、ユダヤ人が占める割合は22%にもなるが（「ユダヤ人にノーベル賞の受賞者が多い5つの理由」「Jewish Journal」2013年10月号)、ここでは代表例をいくつかあげたい。

だれかを崇拝しないということは、自分の生き方を常に自分で考えなくてはならないということでもある。

ユダヤ教では、古来から「**自分の考えを持ち、自分で問題解決をする**」ということが重んじられてきた。ユダヤ教では、だれかの考えを鵜呑みにすることではなく、自分なりの考えを導き出すことが大事だ。

たとえば、ユダヤ教の成人式であるバー・ミツバでは、成人となる少年（13歳）がシナゴーグで聖書の一節を朗読し、さらに自分なりの解釈を発表しなければならない。自分なりの考えを持つことが、それほど尊重されているのだ。

この「自分で考えることが大事」という思想は、ユダヤ人の学術的な成功の大きな要因になっているといえる。

ユダヤ人は、金儲けだけではなく、学問や芸術の分野でも活躍していることはよく知られたことである。

たとえばノーベル賞の受賞者の約3分の1がユダヤ人だとされている。しかも、これはユダヤ人と明確にわかっていない人は含まれていない。もちろん、ノーベル賞でこれほどの占有率を持つ人種はユダヤ人以外にはいない。

この学術的成功には、「神の次は自分」「自分で問題解決する」というユダヤ教の理念が大きく影響していると思われるのだ。

ユダヤ教はカルト教団と対極にある

ユダヤ教の
「だれかを神格化しない」

「指導者を妄信しない」

という思想は、カルト教団などとは対極にあるものだといえる。

ご存知のように、カルト教団というのは、強烈な指導者がいて信者たちはそれを妄信している。信者たちは、指導者の言うことは何でも聞くようになっており、そうすることで自分たちは救われると信じている。

が、ユダヤ教では、そういうことを真っ向から否定しているのだ。

「自分で考え自分で判断しなさい」

「自分自身で自分の人生と向き合いなさい」

ということである。

これは、当たり前のようで実は、非常に難しいことである。

仏教でも釈迦は死ぬ前に弟子たちに

「法（自然の摂理）と自分自身だけを頼りに生きていけ」

と言い残した。これはユダヤ教の思想とほぼ同じだといえる。

しかし、その後の仏教というのは、神格化された指導者が何人も登場し、彼らは信者たちの妄信の対象となってきた。自分自身で自分の人生に向き合うことはせず、何かに追随することで「救われる」と信じるようになったのだ。

宗教というものは、だいたいそういうシステムを持っている。

というより宗教に限らず、人というのは、だれかを神格化したり、だれかに追随することで救われようとする傾向が強い。

たとえば、日本ではすぐに「カリスマ経営者」などと誰かを祭り上げる。そして、その人を強烈に崇拝したり妄信する人々がたくさんでてくる。

自分で自分の人生に向き合い、自分自身で判断するということは、人にとっては怖いものである。だからだれかに頼りたくなる。その行き着く先がカルト教団ということになるだろう。

が、ユダヤ教では3000年もの間、それを戒《いまし》めてきた。

なぜユダヤ教だけが、だれかを神格化したり絶対的な宗教指導者を仰がなかったのかは、よくわからない。

しかし、間違いなくこの点がユダヤ教の最大の特徴であり、彼らの成功の最大の秘訣だといえるだろう。

究極のポジティブ・シンキング

ユダヤ教の特徴として、次に「撰民《せんみん》思想」というものを挙げることができる。

「撰民思想」とは、自分たちは「神から選ばれた民」という思想である。

「自分たちは（神から）選ばれた民族である」

という思想は、多かれ少なかれ、ほとんどの民族や国が持っているものである。アメリカ人も持っているし、ヨーロッパの人々も持っているし、中国人も持っているし、日本人も持っている。

が、ユダヤ人の「撰民思想」は、他の民族よりも強固なのである。

聖書には、ユダヤ人たちがさまざまな場所で迫害されながら、何度もピンチを脱出し、信仰を永らえてきた物語が描かれている。

「自分たちは神から選ばれた民なので、どんなに迫害されても最後には楽園にたどりつける」

そういう意識が非常に強いのである。

この「撰民思想」があったからこそ、ユダヤ人たちはユダヤ教の信仰を捨てずに、持ちこたえてきたといえる。そして、彼らは、各々の人生の中でこの「撰民思想」を大事に持ち続けている。

「どんなに苦労しても最後には絶対に報われる」

それは、**究極のポジティブ・シンキング**だともいえる。

「撰民思想」というのは、ともすれば「排他主義」や「ナショナリズム」につながりやすく、他の民族や国々と衝突をまねく要因にもなる。実際にユダヤ人たちも、この強固な「撰民思想」が他の民族に嫌われて迫害されてきたという側面もある。

また「撰民思想」が外に向いたときには、自分にも他者にも害になることはある。だから「選民思想」を手放しで褒《ほ》めることは危険だといえる。

しかし、自分の中で「自分は神に愛されている」という、何の根拠もないけれど強い自信は、人生をポジティブに切り開くアイテムともなりえるのかもしれない。

休養を必ず取る

またユダヤ教の特徴として、**「休養を非常に重んじる」**ということがある。

ユダヤ教では、「週に一度は必ず休まなくてはならない」。そもそも、「一週間」という単位はユダヤ教から始まったものであり、週に一度は休むという思想も、そうである。

このユダヤ教の思想を踏襲《とうしゅう》し、キリスト教でも、イスラム教でも、週に一度休むことになっている。が、ユダヤ教ほどこの休養を重要視している宗教はない。

ユダヤ教の場合、週の休みには本当に何もしてはならないということになっている。休養日には、家事はおろか、趣味のスポーツなどもしてはならない、となっているのだ。

だから厳格なユダヤ教徒たちは、今でも、休養日には何もせずに家でぼーっとしているのだ。

厳格なユダヤ教徒じゃなくても、ユダヤ人の多くは、休日をきちんと取ることを自分に課している。

これは、実は人間の生理学的にも非常に理にかなったことでもある。

働き盛りの忙しい人にとっては、休日というのはなかなかとりづらいものである。

特に経営者などでは、自分の休日はほとんどないという人も多い。サラリーマンでも、自発的に休日に仕事をしたりすることも多い。

またひと昔前までは、休みを取らずに働き続けることが勤勉なことであり、善であるという考え方もあった。日本では現在でもこの考え方を持つ人も多く、広告最大手の電通には「休むな」という社是がつい最近まであった。

しかし、休むことをしなければ、仕事のパフォーマンスは低下する。それは当たり前のことである。休養を取らずに無理に働き続けるよりも、休養をとったほうが、長い目で見ればパフォーマンスが上がる。

が、仕事を休めば不安になることも多いので、休むということは勇気のいることでもある。

どんなに忙しくても、定期的に休むことで、心身をリフレッシュさせる、それが結局、長い目で見ればパフォーマンスの向上につながる。昨今になってようやく認められるようになった労務思想を、ユダヤ教では数千年前からとり入れていたのである。

紀元前から義務教育があった

ユダヤとは学問の民であるともいえる。

旧約聖書を編纂《へんさん》したことでもわかるように、ユダヤ教は学問、書物を非常に大事にする。ユダヤ教のシナゴーグの正面中央には、聖櫃《せいひつ》がありその中にはトーラー（聖書）が収められている。それほどユダヤ人は、書物を非常に大事にする。

ユダヤのことわざには、次のようなものがある。

「本のない家は、魂を欠いた体のようなものだ」

「もし生活が貧しくても、金、宝石、家、土地の順で売れ。本は最後まで売ってはならない」

ユダヤ人は、その迫害の歴史の中でしばしば書物を没収された。しかしユダヤ人たちは高い賠償金を払ってそれを取り戻すこともしばしばだった。また迫害から逃げるときは、まず書物を地中に埋めるなどをして守ってきたという。

そしてユダヤ人は、学問に対して非常に情熱を持っており、教育熱心な民族である。

男性は中世の頃から、識字率は１００％に近かったといわれている。中世、キリスト教圏でもイスラム圏でも、ユダヤ人を宮廷の財務官として採用することが多かったが、それは彼らが読み書きができたということも理由の一つである。

またユダヤ人の共同体には、何千年も前から学校があった。ユダヤ人男性は金持ちも貧乏人も必ずこの学校に入る。教室は、シナゴーグよりも尊いものとされ、シナゴーグを教室にすることはあっても、教室をシナゴーグにすることは許されなかったという。

近代アメリカが始めた義務教育の制度（6歳以上の児童に対して、25人以下の教室で教育を行う）

は、ユダヤ教の制度が手本になっているという。ユダヤの学校は、一学級最大でも25人までとなっている。クラスの人数が多すぎれば、子供に目が届かなくなり、落ちこぼれが出てくるからだ。

ユダヤ人は常に迫害の中で生きてきたので、財産をつくってもすぐに没収されてしまう。しかし、自分の受けた教育までは盗《と》られることはない。そのために、ユダヤ人は教育熱心になったのだろう。

ユダヤ人家庭では、子供が物心ついたときに、聖書に蜜《みつ》をたらし、それをなめさせるという儀式を行う。これは聖書を学ぶことや読書をすることは、自分にとって甘い蜜のようなものだ、ということを体感するためだという。

ユダヤ人は、フランス革命以降、ヨーロッパの各地でゲットーから解放されたが、そのときに彼らがいきなり社会の中枢を担うような要職につけたのは、この教育水準の高さに1つの要因があげられるだろう。

高等教育への執念

またユダヤ人は伝統的に、子弟の教育への関心が強い。相当に貧しい家の子供でも、無理して進学させるケースが多い。学問重視の伝統にくわえて自分たちの社会的身分をステップアップするには、子供に高等教育を受けさせるのがもっとも手っ取り早いことを知っているからだ。

日本でも明治維新以降、学問ができればどんな出自でも出世できるとして、教育への関心が高まった。彼らは、そのことをはるかに昔から体感してきたのだ。

たとえば20世紀のはじめ、アメリカのユダヤ人の割合は3～4%だったが、大学生においては10%も占めていた。

人口比の3倍もの大学進学率があったのだ。アメリカに限らず、欧米ではユダヤ人の進学率は他の人種の数倍はある。

これはしばしば、ユダヤ人迫害の遠因にもなってきた。ナチス・ドイツでも、ユダヤ人の大学占有率が異常に高いことを「ユダヤ人問題」として指摘した。

またアメリカでも学生側の要望により、1919年から大学へのユダヤ人入学の制限が加えられてきた。あまり公にはされていないが、アメリカの多くの大学で行われたことであり、第二次大戦後まで続いたという。

今でも彼らの高等教育への執念はすさまじいものがある。

ユダヤ人家庭では男子の場合、どんなに貧しい家庭でも大学まで出るのが当然という風潮があるという。ユダヤ人の成功者たちには、貧しい家庭の出身者も多いが、ほとんどは大学を出ているのだ。

そのほとんどが目指していたもっとも代表的な道は、医者か弁護士になることである。医者か弁護士であれば、社会的な地位と高い収入を得ることができる。そのためにも高等教育が必要なのである。

ユダヤ人の医者、弁護士の割合は、ほかの人種に比べて抜きん出ているのだ。たとえば、アメリカでは医者も弁護士もユダヤ人の割合が15％もある。アメリカ社会におけるユダヤ人の比率は2％しかないのにである。

金に対する現実的な考え方

ユダヤ教とほかの宗教の違いを探したとき、「金に対する考え方」もそれに該当すると思われる。

宗教というのは、だいたい表向きは「金を儲けることは卑《いや》しい」とされていることが多い。裏で、宗教家や宗教団体が金を貪《むさぼ》っていることは多々あるが、少なくとも建前の上で金儲けを推奨している宗教はほとんどない。

が、ユダヤ教は、他の宗教に比べて金に関して柔軟な対応を取っている。金を道具と考え、金そのものを汚いとは思わない。

ユダヤ教の教えを集めたタルムードには、次のような文言もある。

「富は要塞であり、貧苦は廃墟である」

「金は悪ではなく、呪いでもない。金は人を祝福するものである」

「人を傷つけるものが3つある。悩み、諍《いさか》い、空の財布。そのうち空の財布がもっとも人を傷つける」

古代から中世にかけて、キリスト教では金貸業は容認されてこなかったが、ユダヤ教は容認されている。

またユダヤ教はラビ（指導者）が事業家であることも多い。

これだけを見れば、ユダヤ教が金儲けを積極的に推奨している宗教のようにも思える。しかし、それは真実ではない。

ユダヤ教も、最初は、他の多くの宗教と同じように金儲けをいいものとは扱っていなかった。何度か触れたようにユダヤ教の基本教典は、聖書（旧約聖書）である。旧約聖書では金儲けを推奨するような文言はほとんど出てこない。また貧しいものから貪ることも戒めている。

しかし、タルムードでは金儲けを容認しているのだ。

タルムードというのは、旧約聖書以降のユダヤ人ラビたちが発言してきたことを編纂したものである。タルムードというのは、ユダヤ人が国を失い放浪の民となってからのラビたちの指導文言だといえるのだ。

放浪の民となってからのユダヤ人は、生きていくための激しい戦いを強いられてきた。それは「きれいごと」では済まされないことだった。

タルムードはそういうユダヤ人の状況を反映し、非常に合理的な処世術を唱えるようになったのだ。ユダヤ人が合理主義者だといわれるのもこのためなのである。そして金に関しても、合理的に捉えるようになったのだ。

土地を持たなかったユダヤ人にとって、金こそが命をつなぐ道具でもある。だからユダヤ人は、他の民族に比べて金に関する執着が強いということもいえるだろう。

新しい商売を探す才能

ユダヤ人は商業において、革新的な発明をいくつもしてきた。

既存の社会システムというのは、「よそ者」には冷たい。たとえば、中世ヨーロッパでは、ギルドという商工者の組合があったが、当然のことながらユダヤ人はこれにほとんど入ることができなかった。ギルドに限らず、あらゆる世界で、新参者やよそ者は虐《しいた》げられる。

常に「よそ者」であることを運命付けられていたユダヤ人たちは、既存の商売とは別の商売を見つけなくてはならなかったのだ。

雑貨店を世界で最初につくったのはユダヤ人だとされている。

中世、商店は専門店だけだった。靴屋や靴だけを、金物屋は金物だけを取り扱っていた。ギルドで、それが決まっていたからだ。しかしギルドに加入できないユダヤ人は雑多な商品を1つの店で販売することをはじめた。

また喫茶店を最初につくったのもユダヤ人だった。

「**ディスカウント**」ということを最初に始めたのもユダヤ人だといわれている。

中世ヨーロッパでは、ギルドが発達し、原則として物の値段は固定されていた。ギルドに属するものがつくったものを、消費者は決められた値段で買う。しかし、ギルドに加入できなかったユダヤ人は、ギルドよりも商品を安くすることで商売上優位に立った。ユダヤ人の行商人というと、安売りというイメージがついていたほどだった。

またユダヤ人の商店では、原価を割った安売りをして客寄せをする今日でいう「**特売**」なども始められた。

広告を商売に取り入れたのもユダヤ人だったといわれている。

今でこそ、事業者が広告をするのは当たり前のことだが、中世までの商人は、商品を宣伝することは下品なこととされていた。しかしユダヤ商人はこれをうまく利用し、商売を拡大していったのである。

ガソリンスタンドはユダヤ人がつくった

ガソリンスタンドをつくったのも、ユダヤ人である。そのユダヤ人とは、アメリカのルイス・ブラウスティンというリトアニア移民である。

ルイス・ブラウスティンは、渡米した当初は灯油の行商をしていた。行商は、多くのユダヤ人にとってまず最初に始める事業だった。多くのユダヤ人が、行商から身を立てている。

ルイス・ブラウスティン
(1869〜1937)

1910年、彼は行商して貯めた金で、アメリカン・オイル・カンパニーという石油販売会社をつくった。

当時の灯油は漏れやすい木の樽に入れて運ばれていたが、アメリカン・オイル・カンパニーは、給油口のついた鋼鉄製のタンクを馬車に乗せて運搬した。

そしてアイディアマンのブラウスティンは、ガソリンスタンドを世界で初めてつくる。それまでの車の給油は、ガソリン業者が車まで持ってきていたのだ。当然、ガソリンは高くついた。

しかし、ガソリンスタンドの登場により、車は燃料がなくなれば、ガソリンスタンドに寄り格安で給油できるようになったのだ。

彼のアイディアはそれだけにとどまらず、メーター表示できるガソリンポンプも開発した。現在の給油機の原型である。

当時の石油業界というとロックフェラーに代表されるように、ワスプの独壇場だった。

しかし、ユダヤ人たちは、既存の石油業者ができないようなサービスを考え出し、この分野でも、一翼を担うようになってきたのだ。

不動産投機の始まり

土地で金儲けをする、いわゆる「**土地投機**」を大々的に始めたのも、実はユダヤ人なのである。

19世紀のことである。

新天地アメリカでは、ヨーロッパ各地からなだれのように移民が押し寄せてきた。その中には、ユダヤ移民も多く含まれていた。当時のアメリカでは産業革命の波に洗われ、未開の地から世界の工業地帯に変わろうとしていた。次々にできる工場群は、貪るように人手を求め、大量の移民を吸収していったのだ。

当時の移民たちは、仕事には困ることはなかったが、住む場所に困った。交通網の発達していない当時のアメリカ・ニューヨークでは、従業員たちは工場に近い都心部に住むしかなかった。都心部に人口が集中し、移民たちは非常に貧しい住環境で耐えなければならなかった。

ユダヤ移民たちも、もちろん、ひどい住環境の中で生活していた。ユダヤ移民が、他の移民と違うことは、これをビジネスチャンスととらえたことだ。

ユダヤ移民たちは、ニューヨークをはじめアメリカの都市部には、まだまだ人口が流入してくる、と踏んだ。だから、「今、土地を手に入れておけば、あとあと莫大な財産を得ることができる」と考えたのだ。

移民というのは、あまりお金を持っていないものである。ユダヤ移民とて、それは同じだった。そのお金のないユダヤ移民たちがなぜ、土地投機などという金のかかることができたのか。

それは、ユダヤ人の性質が関係している。

当時の移民たちは、部屋を借りてもそこに単独で住むことはなかった。間借り人を置いて、賃料を取って部屋代を浮かせていたのだ。ユダヤ移民に限らず、他の地域の移民もほとんどははじめはそういう暮らしをしていた。

1910年代、移民たちが経済的に落ち着いてくると、この複数家族の同居生活はだんだん解消されていった。しかしユダヤ移民だけは、むしろ同居率は上がっていったのだ。つまり、他の移民が住居費に使う分のお金を、ユダヤ移民は貯蓄していたのである。

工場労働には、昼間の勤務と夜の勤務がある。それを利用して、同じ部屋に昼間勤務者と夜間勤務者を同居させるなどという荒技も使っていたのだ。間借り人に食事を提供するなどをして、下宿代を取り貯金を増やしていったのである。

そして頭金ができると、すぐに物件を購入した。1888年の時点で、ニューヨークの不動産の6割がユダヤ人関係で占められていた。当時、ユダヤ人は人口の1割しかいなかったのに、である。

ユダヤ人が土地投機には、彼らの心理的な背景もある。ユダヤ人というのは、それまで、ほとんどの国で土地の所有を認められてこなかった。しかし、アメリカだけは別だったのだ。だからこそ、少しでもお金が貯まれば、土地を購入したのである。

かといって、ユダヤ人が他の国の人たちのように土地に対して、思い入れがあるというわけでもない。むしろ、土地は「**金儲けの手段**」として割り切っているのだ。

他の民族にとって土地は住む場所であり、故郷であり、生活の糧を生む場所である。だから、土地を投機の対象とする発想はあまり出てこなかった。

これまで幾度も迫害され、追放されてきたユダヤ人にとって、土地というのは絶対的なものではない。いつ手放さなくてはならないか、わからないものなのだ。だから、土地を使って金儲けをする、などというドライなことを考えるようになったのだ。

第二次大戦後、ユダヤ人の権利が世界的に認められるようになると、ユダヤ人の土地投機はさらに加速していく。戦後の復興期、ユダヤ・マネーが世界各地に流れ込んだのだ。たとえば、イギリスでは1945年から67年までの間、100万ポンド以上の個人資産を持つ不動産業者の半分以上がユダヤ人だった。イギリスでのユダヤ人の人口は1%以下なのに、である。

現在のユダヤ人大富豪には、不動産で財をなしたものが非常に多い。かの9・11で崩壊したツインタワーは2つとも、ニューヨークで不動産業を営む**ラリー・シルバースタイン**（1931〜）というユダヤ人の所有だった。シルバースタインに限らず、ニューヨーク・マンハッタンの名だたるビルの大半はユダヤ人の所有なのである。

ユダヤ人社会の資金調達システム

ユダヤ人が経済的に成功している要因の1つに、ユダヤ人同士の互助システムがあるといえる。

ユダヤ人には、貧しい家庭の出身でも一代で巨額の財を築くケースがしばしばみられる。それには、もちろん当人の努力もあるが、ユダヤ人社会が有能なものに対して、わりあい簡単に投資（融資）をする、という風習の賜物《たまもの》でもあるのだ。

つまりユダヤ人は、自立したり、成功したりするときに、ユダヤ人社会から資金を調達できるのだ。

たとえば、スターバックスを大企業に導いたハワード・シュルツ（前出）は、シアトルのユダヤ人富豪たちから資金を集めてスターバックス株を買収した。

またスティーブン・スピルバーグが、年若くして映画監督になれたのは、ハリウッドのユダヤ人社会の協力なくしてはありえなかったのだ。このような例は枚挙にいとまがない。というより、ユダヤ人成功者のほとんどは、なんらかの形でユダヤ人社会からの融資を受けているのである。

他の民族ならば、学問をするにしろ、商売をするにしろ、資金力の問題が生じるが、ユダヤ人はその問題が比較的軽くて済むのだ。

もともとユダヤ人には、ユダヤ人同士の相互扶助の文化がある。文化というより、義務に近い。ユダヤの大富豪や金融家たちが、よく大きな寄付をするのは、このためでもある。

タルムードにはこういうものもある。

「金は肥料のようなもの。使わずに積み上げておくと臭い」

ユダヤ教では、収入の10分の1を寄付するのが、半ば義務となっている。これは聖書の申命《しんめい》記にある「その年の収穫の10分の1を差し出し、あなたの町囲みのうちに置いておかなければならない」という文言に由来している。

イスラエルの飲食店などでは、食材の1割を店の軒先などに置いておくという習慣があった。貧しい人たちのために、である。それがちゃんと行われているかどうかをユダヤ教の関係者がチェックする機能まであった。今でも、熱心なユダヤ教徒の間では行われているという。

これらの慈善制度は、融資制度へと発展していった。

たとえば1607年、ポーランドとリトアニアのユダヤ人共同体が「ヘテル・イスカー」というユダヤ人同士の融資制度をつくった。ユダヤ人たちは、この信用貸しのおかげで手軽に資金を調達できるようになり、ポーランド東部やウクライナの開発に重要な役割を果たすことになる。

またアメリカのユダヤ人社会では、無利子ローン協会がつくられ、移民としてアメリカに来たユダヤ人たちに無利子で当座の生活資金や事業を始める資金を提供した。他の国からの移民社会にも似たようなものがあったが、ユダヤ社会ほど整備されていなかった。

アメリカに限らず、ユダヤ社会ではこの種の互助組織が発達している。

たとえば、かのロスチャイルドも第二次大戦前後、ドイツ系ユダヤ人がイギリスに大量に移民してきたとき、当座の生活資金、事業資金を貸し付けており、その中から実業家として成功したものも多かった。

こういう相互互助システムがあったことが、ユダヤ人が世界各地で素早く成功を収めることができた大きな要因でもあるといえる。

ユダヤ人国家「イスラエル」とは？

ユダヤ人を語るとき、イスラエルという国に言及せざるをえない。

現代の世界情勢において、イスラエルはたびたび紛争の主役となっている。イスラエルをめぐって、テロや武力衝突が頻発し、これまで何度も戦争や紛争が起きてきた。

日本人にとっては、このイスラエルという国は、非常にわかりにくい、謎に満ちた国ではないだろうか？

ユダヤ人とは何かをひも解く上でも、イスラエルという国について一通りの説明をしておきたい。

イスラエルという国は、ユダヤ人が積年の悲願でつくった国である。

イスラエル問題、パレスティナ問題は、ユダヤ人とアラブ人の争いと思っている人も多いだろう。

しかし、ことはそんなに単純ではないのだ。

この問題の発端は、第一次大戦にまでさかのぼる。

第一次大戦前、現在のイスラエルがあるパレスチナ地方は、イスラム教の強国オスマン・トルコ帝国の支配下にあった。そして第一次大戦では、オスマン・トルコはドイツとの同盟関係から同盟国側として参戦した。

当時のユダヤ人社会では、同盟国側を支持するものが多かった。

当時もっともユダヤ人を迫害していたのはロシアであり、そのロシアと戦うドイツを支持していたのだ。

世界経済で大きな金融力を持つユダヤ人社会を、両陣営とも引き入れたかった。苦戦していた連合国側のイギリスは、ユダヤ人社会に大きな約束を持ち出す。

戦争終結後には、パレスチナ地方にユダヤ人のナショナル・ホームをつくる、というのである。これはバルフォア宣言（1917年）と呼ばれるもので、当時のイギリスの外務大臣バルフォアが、ユダヤ社会の長ロスチャイルド家に送った手紙から由来している。

イギリスの出した提案は、ユダヤ人社会の願望をとらえたものだったといえる。

バルフォア宣言では、ユダヤ人の「ナショナル・ホームをつくる」となっており、「ユダヤ人国家をつくる」というわけではなかった。

しかし、ユダヤ人たちは「自分たちの国家をつくれるもの」と解釈した。

しかも、このイギリスの約束は実は空手形だった。

パレスチナをめぐってイギリスは三方に異なる提案をしていたのだ。

1つは同盟国フランスに対してのもので、中東全体をイギリス、フランスの両国で分割をするという提案だった。第一次大戦での同盟国であり、当時、世界の強国だったフランスの機嫌をとったわけである。

もう1つは、アラブ社会に対してのもので、パレスチナを含めて中東でオスマン・トルコに代わるアラブ王国を樹立させるという提案。当時、中東のイスラム世界のほとんどはオスマン・トルコの支配下にあった。しかし、それをよく思わない部族もあった。そのため戦後の独立を条件に各部族に反乱を起こさせたのだ。

そして最後の1つがユダヤ人に対するユダヤ人ナショナル・ホーム建設の提案だった。

つまりイギリスは、中東のパレスティナを三者に与える約束をしてしまったのだ。

第一次大戦では、辛くもイギリスのいた連合国側が勝利する。

しかしパレスチナ地方は当然、混乱した。

パレスチナ地方は、国連での決定によりイギリスの信託統治区域とされる。第一次大戦終結時には、パレスチナには約75万人の住民がおり、そのうち65万人がアラブ人だった。ユダヤ人も住んでいたが、ごく少数に過ぎなかった。

それまで両者は親密とまではいえないものの、ほぼ平穏に共存していた。しかし、バルフォア宣言を受けてユダヤ人の大量移住が始まる。パレスチナのユダヤ人は、第一次大戦終了時には、5万人程度しかいなかったとされるが、1931年から1935年の間には15万人が入植している。

それに対して、アラブ人社会は大反発した。

イギリスは、イスラエルの市長をアラブ人に据えるなど、アラブ側に配慮しなければならなかった。

しかし、ユダヤ移民が増え続けるとともに、ユダヤ社会からの圧力も強まってきた。パレスチナでは、ユダヤとアラブの小競り合いが頻発し、大惨事に発展することもしばしばだった。

第二次大戦後、パレスチナでのユダヤ人とアラブ人の対立は、限界点に達した。イギリスは、ついに信託統治をあきらめ、パレスチナを国連に任せることにした。

国連では、パレスチナを3つに分割し、ユダヤ人の自治区、アラブ人の自治区、そして各宗教の重要な資産があるイスラエルの一部は国連の管理下に置く、という提案をした。

ユダヤ側はしぶしぶながらその提案を受け入れたが、アラブ側は受け入れなかった。ユダヤ側は得るものはあったが、アラブ側は失うものしかなかったからだ。

1948年5月14日、イギリスの委任統治が終了したと同時にパレスチナのユダヤ人は、イスラエル建国を宣言した。

それと同時に、独立を承認しない周辺のアラブ諸国との戦争が勃発した。

第一次中東戦争である。

アラブ側は、軍事的に圧倒的に優位だったにもかかわらず、相互の連携がとれず、必死のイスラエル軍に敗退を重ねた。

アラブ側は、エジプト、シリア、モロッコ、レバノン、イラク、トランスヨルダン、サウジアラビア、イエメンが参戦、またイギリス軍の将校がアラブ軍に多数招かれていた。

アラブ軍15万に対し、イスラエル軍は3万に過ぎず、アラブ軍が圧倒的有利と言われていたが、イスラエル軍には従軍経験のある者も多く、またアラブ軍はまとまりに欠いた。アラブ軍はイスラエルを攻めあぐね、逆にイスラエルの侵攻を許すことになった。

イスラエルの地図

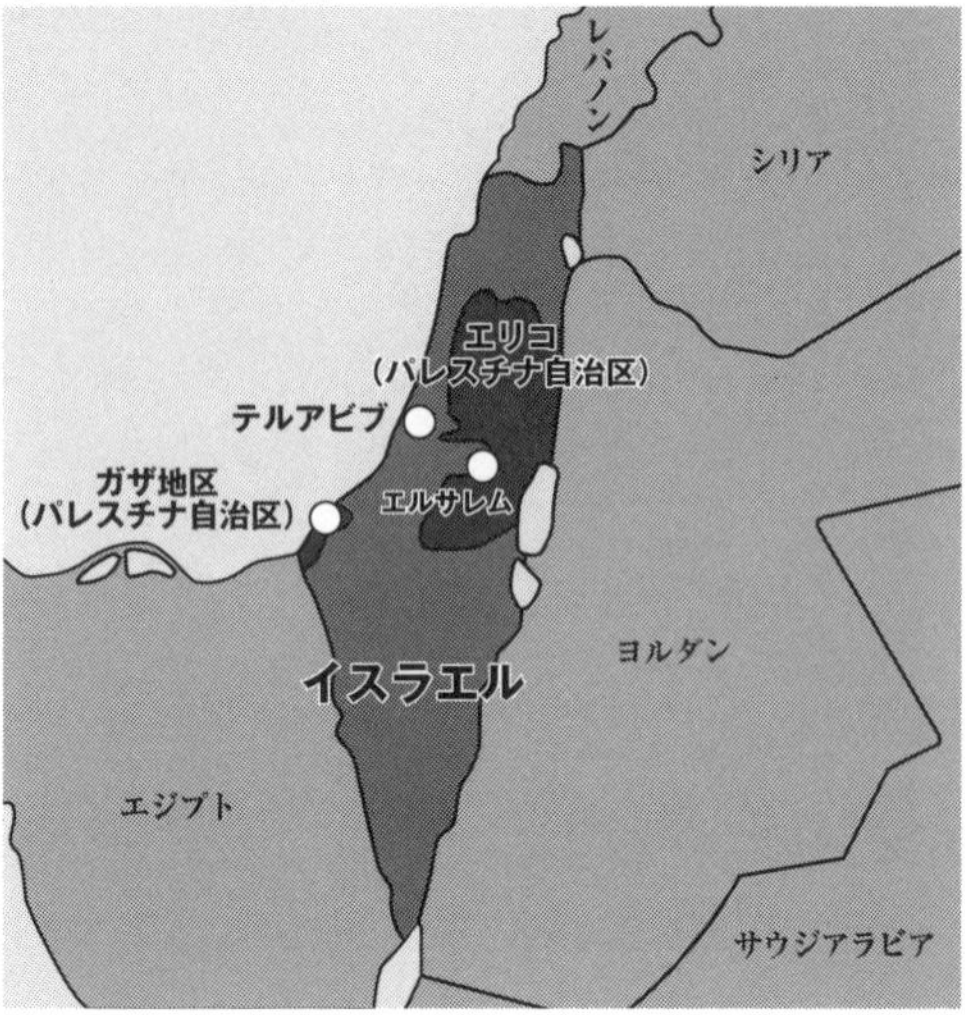

この第一次中東戦争は１９４９年に休戦協定が結ばれ終了するが、皮肉にもアラブ側が多くを失うことになった。イスラエルは、国連が決めたユダヤ人自治区以上の地域を支配することになったからだ。

この休戦協定ラインが、現在国際的に認められているイスラエルの国境である。

この戦争中、周辺国に逃れていたパレスチナ・アラブ人は、イスラエル政府に帰還を許されなかった。そのため、何十万人もの難民が生じた。彼らの中には、現在まで何代にもわたって難民キャンプで生活しているものもいる。パレスチナ難民の悲劇の始まりである。

イスラエル独立以来、パレスチナは世界の火薬庫として、現在までさまざまな紛争を起こしてきた。そしてパレスチナは大国同士のパワーゲームの最前線ともなった。

1956年、エジプトはスエズ運河を国有化しようとした。スエズ運河のそれまでの所有者だったフランスとイギリスは、イスラエルをけしかけてエジプトを攻撃する。第二次中東戦争である。

建国以来イスラエルと距離を置いていたイギリス、フランスが、逆にイスラエルと組んだのである。

しかし、この戦争は、米ソの介入によって終わる。米ソがフランス、イギリス、イスラエル軍への撤退を要請したのだ。この第二次中東戦争によって、世界は完全にイギリス、フランスの時代から、米ソの時代に移ったのである。

1967年には、パレスチナの民族運動を支援していたエジプト、シリアに対して、イスラエルが先制攻撃を仕掛ける。第三次中東戦争である。

このときのイスラエル軍は、装備も兵力も建国当時とは格段に拡充し、アラブ軍を圧倒的に蹴散《けち》らした。たった6日で終結したこの戦争で、イスラエルはこれまでの4倍以上の地域を支配することになった。

この占領地は一部は戻されたが、一部はそのままイスラエルが占有している。

それがゴラン高原やガザ地区である。おそらく、この地名はニュースで耳にしたことがあるだろう。国際世論もこの地域の返還をイスラエルに求めているが、イスラエルにはその様子は見られない。

そして、世界史的に有名な「エルサレムの旧市街」は、このときイスラエルに占領された東エルサレムの中にある。

エルサレムの旧市街は、ユダヤ教だけじゃなく、キリスト教、イスラム教の聖地でもある。そのため、イスラエルによるエルサレムの占領は、キリスト教国、イスラム教国からも強く非難されてきた。

現在、イスラエルはエルサレムを実質的に統治し、首都のような扱いをしている。

しかし、エルサレムをイスラエルの首都と認めてしまえば、第三次中東戦争でのイスラエルの占領を認めてしまうことになる。

だからイスラエルと国交を結んでいる世界中の国々も、イスラエルの首都をエルサレムとは認めず、テルアビブに大使館を置いている。

が、アメリカのトランプ大統領は、イスラエルのアメリカ大使館をテルアビブからエルサレムに移した。このことで、トランプ大統領が世界中から非難されることになったのは、記憶に新しいはずだ。

第3章

ロスチャイルド家とは何者か？

ロスチャイルド家とは

ユダヤの大富豪といえば、まず挙げられるのがロスチャイルド家である。

近代ヨーロッパ史にその名を残す大財閥ロスチャイルドは、現在でも金融業、ワイン製造、レジャー産業、百貨店経営など世界経済に大きな影響力を持っている。

ユダヤにはまったく興味のない人でもロスチャイルドの名前は聞いたことがあるだろう。ロスチャイルドの成功の過程は、ユダヤ人成功者のもっとも典型的なサンプルともいえる。またロスチャイルドは、いわゆる「**ユダヤ陰謀論**」の中では、おおむね主人公として取り扱われる。

ユダヤ・マネーを語る上で、ロスチャイルドは欠かせない存在だといえるだろう。この章では、かの一族の隆盛を紹介したい。

大富豪ロスチャイルド家の歴史は、フランス革命の少し前に始まる。

同家の始祖マイヤー・アムシェルは１７４４年、ドイツ・フランクフルトのゲットーに生まれた。

ドイツのハノーバーの銀行で奉公をし、金融業の仕組みを学んだマイヤー・アムシェルは、故郷に戻って古銭商をはじめる。

当時は今のように古銭のコレクターなどがそう多くはなく、せいぜい物好きな貴族や富裕層のマニアックな楽しみだった。そのためマイヤーは、普通の人から無料同然で古銭を仕入れ、貴族の家を回って売り歩いた。

カタログのようなパンフレットを自分でつくり、郵送するような試みも行った。今でいうところのダイレクトメール販売である。

その努力が功を奏して、彼の商売は徐々に拡大していき、高名な貴族、領主などとも面識を深めていった。その頃から、屋号のロスチャイルドを姓として名乗るようになった。

ロスチャイルドの事業は、宮廷ユダヤ人の伝統を受け継いでいる。

王侯、貴族の喜ぶ貴金属、ダイヤモンドなどの品物を扱い、彼らと懇意になる。そして彼らの財務を引き受けるようになり、莫大な資産を築くのだ。この当時、王侯貴族を相手に商売をすることが、もっとも美味しいビジネスだったのだ。

マイヤー・アムシェルの思惑通り、やがてプロイセン（東ドイツ地方）の君主であるフリードリッヒ大王の皇太子ヴィルヘルム公が顧客の1人になった。

ヴィルヘルム公は、領内の若者に軍事訓練を施し傭兵としてイギリスなどに貸し出すという事業を行い、ヨーロッパ随一の資産家だった。

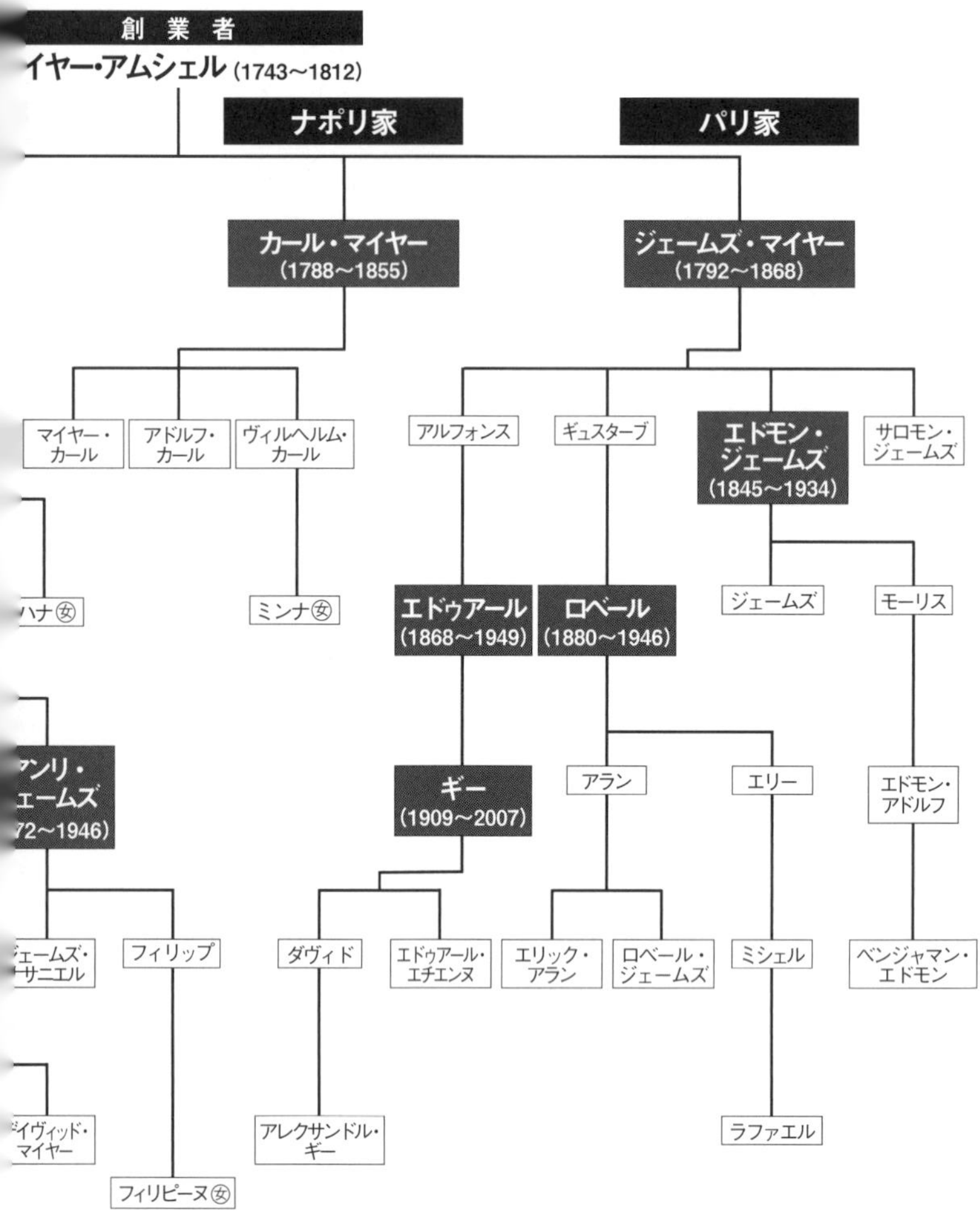

※出所：横山三四郎『ロスチャイルド家』
（講談社現代新書）

ロスチャイルド家　家系図

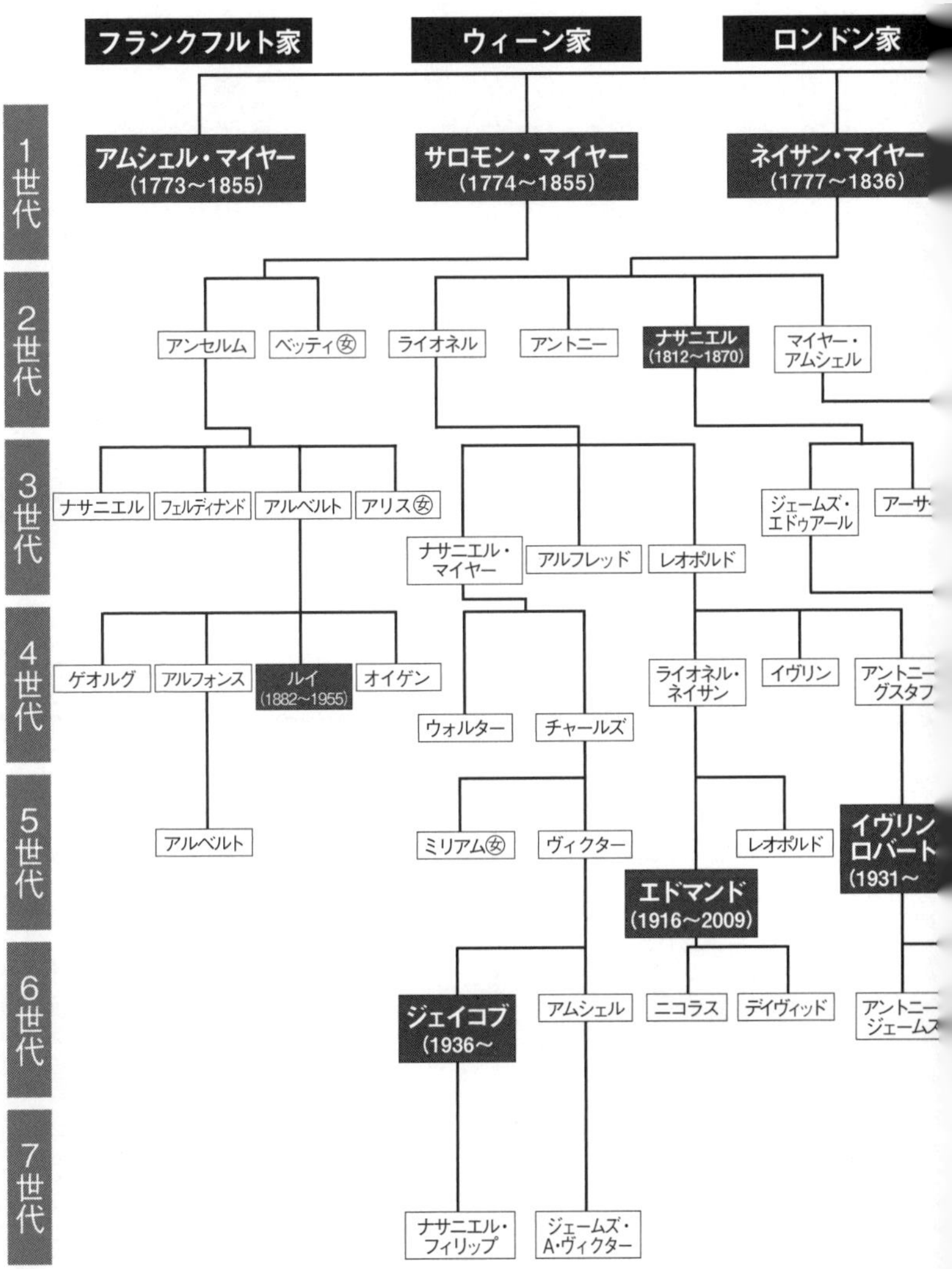

金融の知識もあったマイヤーは、ヴィルヘルム公の財政運営にも関わるようになった。フリードリッヒ大王の死後、その資産をヴィルヘルム公が継ぐにいたり、マイヤーの事業も拡大していった。

5人の息子と世界ネットワーク

マイヤーがヴィルヘルム公に任されていた事業は、ヴィルヘルム公が受け取ったイギリスの小切手を両替することだった。

両替といっても、現代の両替のように1万円を1000円にするというようなものではない。当時のヨーロッパ各国は、世界中の物資を貿易しあっていたが、現在のドルやユーロのような共通通貨はなかった。各国の通貨が入り乱れて使われていたのだ。そして両替商（為替商）の手により、各国の通貨が交換され最終的には物々交換で決済される。

現在の為替相場のような市場は整備されていないので、両替は両替商人の判断によりレートが決められた。

もちろん、両替商を行うには各国の状況分析が欠かせない。

今のように為替相場があるわけではないので、各国の通貨がどのくらいの力を持っているのかは、なかなかわからなかったからだ。

その点、ロスチャイルドはうってつけだった。マイヤーは5人の息子をフランクフルト、ロンドン、パリ、ウィーン、ナポリに配置していた。息子たちと協力して、為替という難しいビジネスをやりこなしたのだ。

これは**典型的なユダヤ商法**だともいえる。

ユダヤ人は、世界各国に離散しているので、親戚や知り合いが世界中にいる。そのネットワークを駆使して、利益をあげるのだ。これがユダヤ人の成功の秘訣でもある。

やがてマイヤーは、イギリスの小切手をただ両替するのではなく、それをイギリスの綿製品の購入にあてることを思いつく。その綿製品をドイツで販売すれば、ただ両替するだけよりも利益が何倍も出るのだ。

ロスチャイルド家は、貿易、両替で稼いだ金を投資してさらに膨《ふく》らませていく。ロスチャイルド家の事業の基礎はこうしてできあがった。

ナポレオン戦争で荒稼ぎ

19世紀はじめ、ヨーロッパはナポレオンに席捲された。

1803年から、ナポレオンによるヨーロッパ征服戦争がはじまり、ヨーロッパ社会はこのときに大きく転換することになる。ロスチャイルド家が世界的な資産家になるのは、このナポレオン戦争のときである。

ナポレオン戦争時、ドイツはフランスの占領下にあった。

ロスチャイルドの主人であるヴィルヘルム公は、亡命を余儀《よぎ》なくされた。そして資産の管理をロスチャイルドに任せたのである。ロスチャイルドは、ヨーロッパ各国につながりがあるので、安全な地に資産を隠してもらおう、ということだ。

そして、必然的にナポレオンがまだ征服していない地イギリスにいた三男のネイサン・ロスチャイルドに多くを頼ることになった。

このネイサン・ロスチャイルドが、ロスチャイルド家を世界的な大富豪に仕立て上げることになる。

ヴィルヘルム公は自分の資産の多くをイギリスに送り、ネイサン・ロスチャイルドにイギリスの公債に変えてくれるように依頼する。ネイサン・ロスチャイルドはそれを承諾したものの、公債の購入契約書は、なかなかヴィルヘルム公には送られてこなかった。

ネイサンは、ヴィルヘルム公の資産を元手に証券の売買をしていたのだ。またヴィルヘルム公は、イギリスを中心としたナポレオンの敵方に財政援助を行っていたが、それはネイサン・

ロスチャイルド名義でなされた。自分の名前を出すと、身の危険があるからだ。

それにより彼の名は、イギリス国債の主要債務者の中にも登場し、イギリスの財界に響き渡った。その名声を利用し、また荒稼ぎをしたのである。

ロスチャイルドの莫大な富はこのときにつくられた。

現在に続く当時のネイサン・ロスチャイルドには伝説的になっている話がいくつもある。

その代表的なものが「ワーテルローの戦い」でのイギリス公債の売買である。

ナポレオンとイギリスが雌雄をかけて争ったこの戦争のとき、ロスチャイルド家はイギリスの公債を大量に保有していた。もしイギリスが負ければイギリス公債は暴落し、巨額の損失を出すことになる。

イギリス分家のネイサンは、ワーテルローでのイギリスの勝利をいち早く掴んだ（ネイサンが自分で観戦していたのではないかという説、伝書鳩で知ったという説もある）。

イギリスの勝利を知ったにもかかわらずネイサンはイギリスの証券取引所でイギリス公債を売却する。イギリス国内ではイギリス軍劣勢の情報が伝えられていたので、彼の公債売却を見て、証券取引所はパニックとなった。投資家はイギリスが負けたと思い、一斉に売りに走ったのである。

そしてイギリス公債が暴落したところを、ネイサンは二束三文で大量に買い戻した。やがてイギリスの勝利が伝えられ、巨額の利益をあげることになった。

というのが、この伝説の趣旨である。

しかしこの話は、現実よりもかなりオーバーになっているようである。

近年、ロンドンの証券取引所が調査したところによると、ワーテルローの戦い前後で、イギリスの公債相場はそう大きな変動はなかったということである。

ただし、ネイサンが、ナポレオン戦争時にかなり手荒い商いをしていたのは事実である。

たとえば当時の彼の主要な業務の1つに、密輸もあったのだ。

1806年、ナポレオンはヨーロッパで唯一屈服できなかったイギリスを経済封鎖していた。

そこでヨーロッパ各国のロスチャイルド家が共同して、その網をかいくぐり密貿易に精を出す。

フランスではコーヒー、砂糖、綿製品などのイギリス商品が不足し、イギリスではこれらの商品が行き場を失ってあふれていた。ネイサンはただのような金で買い叩いた商品を、フランスのロスチャイルド家が高値で販売し莫大な利益をあげたのだ。

またナポレオンの敗退後は、イギリスをはじめとする各国の公債を優先的に引き受けるようになった。

それはナポレオン戦争時に、ロスチャイルド家がイギリスに協力的だったからだ（ただしナポレオンに対しても、協力的な態度をとっていた。ロスチャイルド家はどちらが勝ってもいいようにどちらにも媚《こび》を売っていたのだ）。

このナポレオン戦争が終わった1815年から1818年までの3年間で、ロスチャイルド家は資産を10倍以上（300万フランから400万フラン）に増やしている。1825年には、総資産は1億フラン、つまり10年間で30倍になっているのだ。

当時のフランス銀行（フランスの中央銀行。日本における日本銀行のようなもの）の資本金が6000万フランとされているので、その額の大きさが知れるだろう。

スエズ運河の買収資金を出す

ロスチャイルド家の財力を世界に知らしめたのは、イギリスのスエズ運河買収の際である。

スエズ運河は、地中海と紅海（スエズ湾）を結ぶ運河であり、ヨーロッパとアジアを結ぶ最短の航路である。1869年、掘削によって航路が開通した。当初イギリスは、掘削事業を不可能とみて参加せず、フランスが中心となってスエズ運河会社がつくられた。

スエズ運河が開通すると、世界貿易の中心的な航路になった。それまで、ヨーロッパからアジアに船で行くには、喜望峰を回るしかなかったが、スエズ運河を通ることによって、42％も短縮されたのだ。

当時、インドを植民地に持ち、世界一の海運国だったイギリスにとって、それは喉元《のどもと》にささった魚の骨のようなものだった。スエズ運河を利用する船舶の4分の3はイギリス船籍だったからだ。イギリスにとって貿易の大動脈をライバル国フランスに握られている状態だったからだ。

帝国主義、植民地主義の当時のヨーロッパでは、各国が互いを牽制しあっていた（それは今でも変わらないが、もっと激しい競争があった）。そのためフランス国内では、イギリスをスエズ運河から締め出そうという主張も起こっていた。

イギリスは、スエズ運河会社の株取得を狙っていたが、1875年にそのチャンスが訪れた。フランスとともにスエズ運河会社の大株主になっていたエジプトが、財政悪化のためにスエズ運河株を売却しようとしたのだ。当時、エジプトはオスマン・トルコの属領であり、総督のイスマエル・パシャが全権を握っていた。

イスマエル・パシャは綿花の輸出で、スエズ運河会社株の費用を捻出しようとしていたのだが、アメリカの南北戦争が終わり綿花が暴落したために、それができなくなったのだ。

当時のイギリス首相ディズレリー（1804～1881）は、ロスチャイルド家で夕食に招かれているときに、この情報を知った。

フランスが動かないうちに、スエズ運河株を取得したかったディズレリーは、議会に図らず

ヨーロッパとアジアを結ぶ最短ルートのスエズ運河

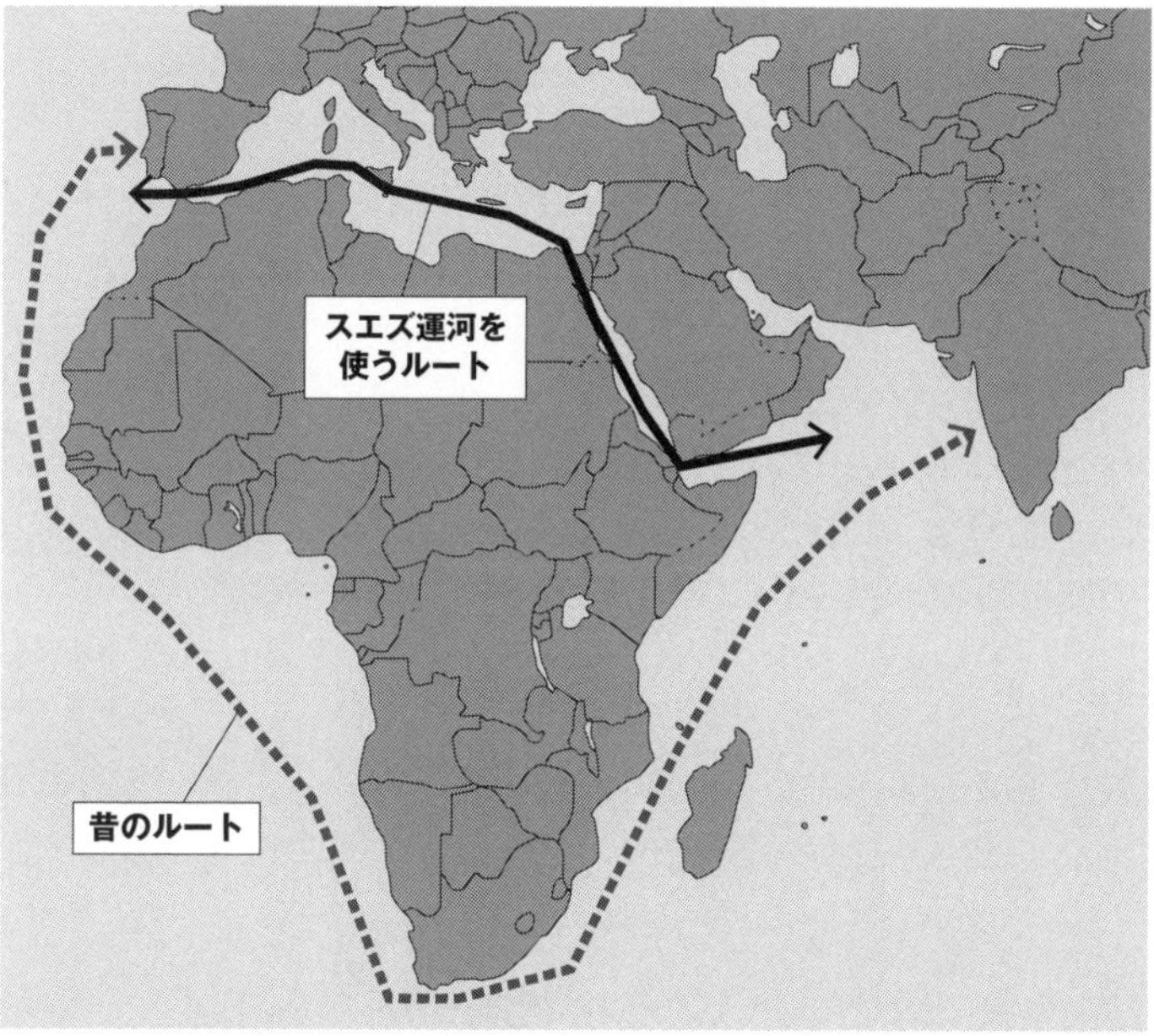

独断で取引を進めた。スエズ運河株取得の資金は、ロスチャイルド家が融資したのだ。

融資額は400万ポンド、当時このようなお金を即金で出せるのは、世界中にロスチャイルド家くらいしかなかったのだ。

スエズ運河株の取得は、イギリスにとって爽快な出来事だったが、議会にも秘されていたため、国民の一部から反発された。

またロスチャイルド家は、この融資でぼろ儲けしたという噂もあった。しかし、実際はこのときの融資では手数料2・5％、利息5％であり、10万ポンドほどの利益だったといわれている。ぼろ儲けというほどではなかったのだ。もちろん、ロスチャイルド家がイギリス政府に大きな貸しをつくったことは確かだろう。

ロスチャイルド家の家訓

ロスチャイルド家には、いくつかの家訓があり、それが同家繁栄の秘訣ともいわれてきた。ロスチャイルド家の特色は、一族の結束の堅さと秘密主義である。

「矢は1本では簡単に折れるが5本束ねると決して折れない」

初代ロスチャイルドのマイヤー・ロスチャイルドは、息子たち5人に対してそう訓戒したという。戦国大名の毛利元就が息子たちに残した3本の矢の訓戒とよく似ている話だが、これは後世のつくり話ともいわれている。

しかしこの逸話が真実かどうかは抜きにしても、ロスチャイルド家が一族の結託を信条としていることは事実である。

ロスチャイルド家は、一族の中の男子1人だけに跡目を継がせることを続けてきた。また血族同士の結婚が多いのも特徴である。

ロスチャイルド家は、毎年、各分家全体の収支決算が集められ、一族全体の決算書をつくる。

そして収益を各分家に分配し、また資本が必要な分家にはそれを配分した。どこかの分家が危機に陥ったときは、必ず一族全体で助ける。そうやって、ロスチャイルド財閥を維持してきたのだ。

またロスチャイルド家では、**「語るなかれ」**という家訓もあった。一族の内情、財産などを公にすることは厳禁されてきたのだ。

しかし近代に入り、各国で税制が整備されてきたために、ロスチャイルド家の資産も公表されることになった。

また20世紀に入ってマスコミが発達しはじめると、ロスチャイルド家の中から「語るなかれ」の禁を破るものも出てきた。ロスチャイルド家のロンドン当主で、ロスチャイルド・ファミリーの事実上の長であるエドマンド・デ・ロスチャイルドも自伝を出している。

エドマンドは、自伝の中で次のように述べている。

ロスチャイルド家は伝統的にインタビューを受けないようにしてきた。しかし私は時々、マスコミのインタビューに答えた。そういう私に父は言った。『若いお前は、今後はマスコミとうまく付き合うことも大切だと思っているかも知れない。でも新聞や雑誌の記者は、今後二度と会わないのだから好きなことを書くだろう。相手の記者が本当に信用できるかどうかはわからないのだ。だから、インタビューには当たり障りのないことを述べておくべきだ。事実を語ることがすべてではないということも覚えておいてくれ』と。

ロスチャイルド家が、「語るなかれ」という家訓を持ち続けていた理由は、この記述に集約されているだろう。

ロスチャイルド家は、世界一の富豪としていやがうえにも世間から注目される。そして世間の目は、好意的なものよりも、悪意的なものの場合が多い。だから余計なことを言って、世間の関心を集めるな、ということなのだ。

しかし、これだけマスコミが発達してくると、何も語らないことはかえって不利を招くことにもなる。

ロスチャイルド家に関しては、情報が隠されている分だけ、さまざまな憶測を呼ぶ。ロスチャイルド陰謀論なども、情報の不足から招いている面もあるだろう。

そのためロスチャイルド家の新しい世代の中からは、世間に積極的に発言するものも出てきたのだ。

そしてロスチャイルド家には、「**ユダヤ教に忠実であれ**」という家訓もあった。ユダヤ教を厳格に信仰し、異教徒との結婚も禁止されていた。ロスチャイルド一族に近親婚が多いのは、このためでもある。

しかし20世紀に入ると、この家訓もほころびはじめ、パリ分家の当主ギー・ド・ロスチャイルドをはじめキリスト教徒と結婚するものも出てきた。

ロスチャイルドと陰謀論

いわゆる「ユダヤ陰謀論」では、ロスチャイルド家は必ずといっていいほど主役として扱われる。

世界経済はロスチャイルドによって支配されているというのが、そのおもな内容だ。極端なものでは、19世紀から20世紀にかけてヨーロッパで行われた戦争、革命はすべてロスチャイルド家の陰謀によるものだというのもある。ヒトラーの台頭さえ、その意を汲《く》んでいたという奇想天外な論さえある。

ロスチャイルド家は19世紀から20世紀前半にかけて世界一の金融家だったので、あらゆる戦争において、どこかでロスチャイルド家の資金がつながっていたというのはありえる話である。

しかし、かといってすべて同家が企んだものとは到底言いがたい。

そもそも、資産家というのは、あまり戦争を欲しないのである（武器商人など以外は）。

戦争というのは、国同士の資産の消耗《しょうもう》戦なのだから、資産を持っているものにとってはそれを失う可能性が高くなるのだ。

特にロスチャイルド家のような、ヨーロッパ各国に分散している資産家は、どこの国が勝って、どこの国が負けてもある程度資産を失うことになるからだ。

第一次、第二次の世界大戦でもロスチャイルド家は大きな痛手を受けた。財産だけではなく、人的損失もあったのだ。

ロスチャイルド一族の5本の矢のうちの1つ、ウィーン分家は、第二次大戦中に消滅した。ナチス・ドイツがオーストリアを併合したとき、ウィーン分家の当主、ルイ・ナサニエル・ロスチャイルドはゲシュタポに拘留された。ルイは、ウィーン・ロスチャイルド銀行の責任者であり、ロスチャイルド・ファミリーの支柱の1つだった。

もちろん、ロスチャイルド家は一族をあげて身の安全を働きかけたが、ナチス・ドイツはウィーン・ロスチャイルド家の財産すべての供出を求めた。

この身代金のため、ルイ・ナサニエル・ロスチャイルドは命からがらウィーンから脱出することができたが、このときのショックのためか戦後、事業家として復活することはなかった。

ナチス・ドイツが接収した財産は戦後、共産党政権下のチェコ政府が受け継ぎ、ロスチャイルド家に賠償された。が、その賠償額は、資産価値の3分の1以下だった。

また第一次、第二次大戦ともロスチャイルド家の人々は、兵士として戦場に出ている。ロスチャイルドというと、世間から特別な目で見られている。彼らが戦争にまったく行かないとなれば、世間から強い批判を浴びる。だから、彼らはあえて戦争に赴いたともいえる。第二次大戦では、ロンドン家の当主エドモンドは連合国側につくられたユダヤ人だけの軍隊の将校となった。

ナチスの占領時のフランスでは、ドイツ以上にユダヤ人の迫害が激しかった。ユダヤ人は、公職や社会の重要な職業から追われることになったが、その職業の中には銀行家も含まれていた。当然、ロスチャイルド・パリ家もその対象となった。

親ナチスのペタン政権によりフランスに残っていたロスチャイルド・パリ家のエドモン、ロベール、アンリはフランス国籍を剥奪された。事実上、ロスチャイルド家はフランスから追放されたわけである。

そしてこのパリ家の中からは犠牲者も出た。

ロスチャイルド・パリ家の当主ギー・ド・ロスチャイルドの母方の家族は、ほとんどが収容所で亡くなった。またロスチャイルド一族のフィリップ男爵の妻は、ユダヤ人ではないにもかかわらず、ロスチャイルドという名前のために収容所に送られ帰らぬ人となった。

このようなロスチャイルド家の犠牲について、陰謀論者が言及することはない。もし、このような犠牲をさせ、それが同家の想定の範囲内だったというならば、そこまで巨大な陰謀を彼らが企んでいたというのなら、筆者は抗弁するすべを持たないが。

『赤い楯』の誤解

ロスチャイルド家の陰謀を記した本の中に、『赤い楯』（広瀬隆著）というものがある。

初代から現在までのロスチャイルドの歴史を描いた1000ページを超える大作である。

「世界中の主な資産家、企業家はロスチャイルド家となんらかの姻戚関係がある、だから世界経済はロスチャイルドによって支配されている」

というのだ。

この本の特徴は、85点にも及ぶ系図である。

ロスチャイルドが、王侯貴族、大富豪などと姻戚関係を結んでいく様があますところなく記されている。

これを読めば、世界中のあらゆる産業、あらゆる企業はロスチャイルドとなんらかの関係があることがわかる。詳細の事実を積み重ねた労作であり、単なる陰謀論とは一線を画したものだ。

この本の内容は、学術系の本にもしばしば引用されている。

しかし、この『赤い楯』にはきわめて大きな事実誤認がある。

論旨が「**姻戚関係があれば結束する**」ということを前提にしていることである。ロスチャイルド家に限らず、古今東西の有力者たちは勢力を拡大するため、敵対者を取り込むために、姻戚関係を結んできた。

しかし、姻戚関係があるからといって、それが必ずしも両家が「結託」するわけではない。

それは歴史が証明するとおりである。

ロスチャイルド家は、200年以上に渡って大富豪であり続けたのである。

一族の結婚相手は必然的に、上流階級、大資産家、大企業家の子弟が多くなるはずだ。

200年もさかのぼれば、おびただしい数の婚姻が行われているので、世界中のありとあらゆる上流階級にロスチャイルド家の血が混じっていても、そう不思議なことではないだろう。

では、ロスチャイルド家と姻戚関係のあるものがすべて一致団結して、同じ方向を向いていたのかというと決してそうではない。

というより、ロスチャイルド家では一族の中でさえ、しばしば深刻な対立をしてきた。

たとえば、ロンドン分家の第5世代イヴリンと6世代のジェイコブは、ロスチャイルド父子銀行の経営で対立し、ジェイコブはロスチャイルド父子銀行から去った。

またロンドン分家とパリ分家は、ワインの製造で敵対関係となり激しく争ったこともある。

ロスチャイルド家は、19世紀最大の銀行家であり、さまざまな分野に投資を行った。現在の主要産業のほとんどは、19世紀に成長したものなので、同家の資金が、あらゆる産業に流れ込んでいるのは不思議ではない。

しかし19世紀にロスチャイルドが投資をしたからといって、今でもその産業がその支配下にあるのか、というと決してそうではない。

たとえば、ダイヤモンド産業。

この産業は、今でもユダヤ人の独占状態が続いている。そしてこのダイヤモンド業界も19世紀、ロスチャイルドに頼る部分が大きかった。

ダイヤモンド業界の雄、デ・ビアス社は、創業時ロスチャイルドの資金を多く受け入れていたからだ。

しかしロスチャイルド家と、デ・ビアス社の創業者セシル・ローズとは、対立することが多く、同家は徐々にデ・ビアス社から手を引いていった。ロスチャイルドがデ・ビアス社の大株主ではなくなってから、すでに久しいのである。

にもかかわらず、ダイヤモンド業界はロスチャイルドが支配していると、陰謀論者には思われているのだ。

ロスチャイルド家が世界中の上流階級や大富豪と関係を持っていることは、紛れもない事実である。

しかし何度も言うが、ロスチャイルド家が世界経済をいいように支配しているなどというのは愚論である。

経済というのは1つの意思に支配されてしまうほど単純なものではない。万人のさまざまな思惑が交錯した混沌の世界なのである。

ロスチャイルドは確かに強い財力を持っていたが、だれもがすべてその財力にかしずくとは限らないし、内部の人間でさえ従わないものも多いのだ。それは、一度でも組織に属したことのある人ならば、理解できるはずだ。

ロスチャイルド家だけが、明日をも知れない厳しいビジネス世界の中で超然としていたかといえば、決してそうではない。くだけた言い方をすれば「**ロスチャイルドだって楽ではない**」のだ。

その全盛である19世紀半ば、イギリスのネイサン・マイヤー・ロスチャイルドの三男ナサニエルが残した手紙に次のようなものがある。

「ノーザン鉄道が300フラン下落し、マルセーユ・アビニョン鉄道、サン・ジェルマン鉄道も下落した。私はすべての鉄道、石炭経営に嫌気がさしている」

ロスチャイルドは、鉄道王、石炭王などともいわれるが、その経営は決して楽ではなかったのだ。そして現在のロスチャイルドは、どう見ても全盛期を過ぎているのである。

ロスチャイルドはなぜ衰退したか

ロスチャイルド家は、現在も大富豪には変わりはないが、19世紀当時と比べれば、その影響力の減少は否めない。盛者必衰とはいわれるものの、盛者が衰退していくには必ず理由がある。

だからロスチャイルドがなぜ衰退していったかを明らかにしたい。

まずは、ロスチャイルドの本家であるフランクフルト家の消滅について、である。

ロスチャイルド家は、ドイツのフランクフルトが発祥の地である。ロスチャイルドの歴史は、近代のドイツの金融史でもある。

フランクフルトは、神聖ローマ帝国の中心都市の1つであり、中世から商業都市として栄えていた。1585年には為替取引所が設置され、ヨーロッパの金融センターの役割を果たしていた。

フランクフルトの取引所では、ユダヤ人の入場に時間制限を設けるなどして制限していた（この制限がなくなるのは1813年のことである）。

にもかかわらず、ユダヤ人はその制限をかいくぐってフランクフルトの金融街で活発な活動をしていた。17世紀、18世紀の時点ですでにユダヤ系の銀行は、キリスト教徒系の銀行に拮抗《きっこう》していたという。

そして19世紀には、ユダヤ人の銀行家がフランクフルトで中心的な存在になっていく。19世紀後半のフランクフルトにあった200以上の銀行のうち、その85%がユダヤ系によるものだった。

その中心にいたのがロスチャイルド家である。

19世紀の中ごろまで、ロスチャイルド家は、国債や鉄道債をはじめフランクフルト金融業のあらゆるところに及んでいた。ロスチャイルド家の意向に逆らえば、フランクフルトでは金融取引ができないほどだった。

特に鉄道については、ヨーロッパ各国の鉄道債を取り扱い、ロスチャイルドは鉄道王とも称されるようになった。

しかし、1860年代ころからロスチャイルド家の支配力は次第に衰えていく。1866年の普墺《ふおう》戦争によりフランクフルトはプロイセンに占領され、フランクフルト市自体が金融センターとしての機能をベルリンに譲ることになる。

またロスチャイルド家は、プロイセンのフランクフルト占領により、プロイセン国債の販売独占権を失った。

そして、ロスチャイルド家は当時勃興してきた株式銀行にあくまで抵抗する構えを見せていたため、時代に乗り遅れた。それが、銀行家としてのロスチャイルド家を衰退させることになった。

1901年には、フランクフルトのロスチャイルド家は家系を存続することができずに、銀行を清算し、ディスコント銀行（現コメルツ銀行）の傘下に入った。

アメリカでの出遅れ

現在のロスチャイルド家の本家というのは、イギリスのロスチャイルド父子銀行である。ロスチャイルド父子銀行は、19世紀、ロンドン・シティ街の中心的な存在だった。イギリスが隆盛を誇ったときに、その金融の中心にいたロスチャイルド家は、アメリカの進出に出遅れた。アメリカという国はヨーロッパではじき出された者が開発したという面があるので、それは無理のないところでもあるだろう。

産業革命当時、世界の片田舎に過ぎなかったアメリカが、20世紀にこれほど成長するとはだれも知らなかったはずだからだ。

ロスチャイルド家も、アメリカに投資をしたり、アメリカのユダヤ系投資銀行クーン・ローブ商会と取引をしたりしていた。

「アメリカのクーン・ローブ商会はロスチャイルドの支店である」

ということがユダヤ陰謀論者にはしばしば語られる。

クーン・ローブ商会は、20世紀はじめモルガンと並んでアメリカを代表する金融機関とされ、その後は吸収合併を経て、リーマン・ブラザーズ、アメックス・グループに続く名門である。

このクーン・ローブ商会を取り仕切っていたのはロスチャイルドなのだから、ロスチャイルドはアメリカでも強い勢力を持っているはずだ、それがユダヤ陰謀論者の言い分である。

しかし、これは事実ではない。同商会は、ロスチャイルド銀行出身者が創設したため、ロスチャイルド家とは密接な関係があった。だが、経済というのは、そう単純なものではない。

クーン・ローブ商会とロスチャイルド家が密接な取引関係にあったのは、20世紀初頭まである。1933年、アメリカはスティーガル法という法律をつくり、銀行は、商業銀行と投資銀行（日本でいう証券会社）を兼ねることができなくなった。そしてクーン・ローブ商会は投資銀行を選んだために、商業銀行が中心だったロスチャイルド家とはほとんど取引がなくなったのだ。

ロスチャイルド家はほかのヨーロッパの金融家に比べても、アメリカへの投資に消極的だっ

オーガスト・ベルモント
(1816〜1890)

たといえる。

19世紀の後半、ロスチャイルドのアメリカでの代理人オーガスト・ベルモントは、たびたびロスチャイルドに対してアメリカでの投資を促した。しかしその反応は芳しいものではなかった。

オーガスト・ベルモントが1870年、ナッティ・ロスチャイルドにあてた手紙に、次のようなものがある。

「この2、3年、私はあなたの商会に各種の取引や交渉を提案した。それらはすべて安全でリスクがないものであり手数料も手頃で、あなたがたにすばらしい収益をもたらすものだった。でもあなたはすべての私の提案を拒否した。私が提案したビジネスは、他の企業が手掛けることになり、彼らは重要なポジションを次々と獲得していった。あなたの商会が、アメリカの鉄道債に参加するつもりがないのなら、はっきり私にそう知らせるべきだ」

この手紙から、ロスチャイルドがアメリカの鉄道事業に関して躊躇しつづけていた様子がうかがえる。

1849年、カリフォルニアで金が発見されたとき、ロスチャイルドはただちに代理人のベンジャミン・デビッドソンを派遣し金の取引をはじめた。しかし、これは同家が伝統的に金ビジネスをしていたからに他ならない。ほかの産業、鉄道や鉄鋼など、アメリカの主要な産業にはほとんど手をつけなかった。19世紀のアメリカはヨーロッパ中から資本を集め続けたが、ロスチャイルド家の資本はあまり混ざっていなかったのだ。

ご存じのように、イギリスは産業革命以降世界経済の中心に君臨していたが、20世紀になるとアメリカにその座を明け渡す。それとともに、ロスチャイルド家の影響力も減じていく。ヨーロッパ各国の国債を引き受け、スエズ運河の買収資金も提供したロスチャイルド家だが、イギリスの衰退、アメリカの急成長の影響を受けないわけにはいかなかったのだ。

株式会社の台頭

国際金融は近年大きく変貌していった。

19世紀までは、各国の国債を引き受けることが金融家の事業の大きな部分を占めていた。つまり国に融資するという事業である。

ロスチャイルド家は、ヨーロッパ各国の国債を引き受けるという、当時の銀行家としてはオーソドックスな方法で財力を伸ばしてきたのだ。

しかし20世紀に入って、企業が巨大化していき、国債の引き受けよりも企業に対する投資のほうが金融業の主な事業になっていく。ロスチャイルド家は、この面で乗り遅れた感は否めない。

そして同家は、近代企業の常識ともいえる株式会社化するのも非常に遅かった。

企業が急成長できるようになったのは、株式会社という制度が1つの要因である。株式会社というのは、多数の株主に出資させ、その金を使って事業を行うというものだ。より多くの株主を集めたほうが資金力が大きくなり、有利に事業が進められることになる。

ロスチャイルドの場合、株式会社にはせずに家族経営の形態をとり続けた。株式会社にすれば、株主に対して資産状況などを公開しなければならないので、それを嫌ったこともあるだろう。またすでに大きな資産を持っていたので、他の株主から資金を集める必要性もあまりなかったのだろう。

しかし近代企業においては、資本力の差が企業の盛衰にかかわる場合が多い。いくらロスチャイルドが資産家だといっても、やはり株式会社にして資本を募集したほうが資本力は大きいのである。

1947年、ようやくロスチャイルドの中心ロンドンのロスチャイルド父子銀行が株式会社になる。しかし、このときも株主はロスチャイルド一族に限られていた。一族以外のものが株主になるのは（つまり本当の株式会社になるのは）1960年になってからである。

相続税がロスチャイルド家を殺した

ロスチャイルド家の力が弱まった最大の要因は税制である。

第一次世界大戦後、共産主義革命の波を恐れたヨーロッパ諸国は、国民の反発を防ぐために、資産家に対して多額の相続税を課すようになった。このため多くの資産家は、以前ほど富を蓄積していくことができなくなった。

どんなにお金を稼いでも、死んだときに半分近くが税金として取られてしまうからだ。

もちろん大富豪たちはあの手この手を使って相続税を逃れようとしてきたが、国民やマスコミの注視する中、そうそう逃れられるものではない。そのため中世には見られたおとぎ話のような大富豪は、近代ではほとんどいなくなった。

ロスチャイルド家も相続税には勝てなかった。

19世紀、ロスチャイルド家が所有していた城（のような豪勢な建物）たちのほとんどは、相続税の支払いのために手放さざるをえなかったのだ。

ロスチャイルド家の相続税に関しては面白い話がある。

１９４９年6月に、パリ分家のエドゥアール・ド・ロスチャイルドが死んだとき、一族が保有している企業、石油会社のロイヤル・ダッチ・シェル、鉱山会社のル・ニッケル、ダイヤモンド会社のデ・ビアスなどの株が突然、急落したのだ。

フランスでは、相続資産としての株は、資産家が死亡したその日の終値が相続価額となる。だから、エドゥアール・ド・ロスチャイルドが死亡したときに、一族を挙げて株を売却し、その相続資産の価値を下げたのだ。もちろん翌日以降には買い戻され、値は戻った。

このような相続税対策にもかかわらず、ロスチャイルド・パリ分家は、１９７５年には、当家にとって由緒あるフェリエールの館をパリ大学に寄贈することになった。維持費や相続税のことを考えれば、とても持ち続けることはできなかったのだ。

またパリ分家は、さらなる困難にあった。

１９８１年、フランスの銀行国有化政策により、ロスチャイルド銀行は接収されてしまうのだ。その後、銀行はロスチャイルドに買い戻されるが、ロスチャイルド銀行という名称は使えないという条件がつけられた。

20世紀、共産主義の登場などで、金持ちに厳しい政策がとられるようになったが、ロスチャイルドはその影響をもろにかぶったのである。

第4章

実はユダヤ人は日本とも関係が深い

明治日本の近代化に貢献したユダヤ人たち

ユダヤ人といっても、日本人にとってはあまりピンとこない、なじみのないものである。日本では、欧米諸国に比べればユダヤ系企業はまったく進出していないし、街でユダヤ人を見かけることもあまりない。

しかし、ユダヤ人やユダヤ・マネーは、近代日本の重大な局面にたびたび登場してくるのである。

まず明治維新にも、ユダヤ人は大きな役割を果たした。

ご存知のように明治維新というのは、日本が国家体制を一新させ、西洋文明を導入し、近代国家の仲間入りをしようとしたものである。

当時の日本というのは、主たる産業は農業だった。しかも、自分たちが食っていく分をやっとつくっている程度に過ぎなかった。

西洋文明を導入するには莫大な金がかかる。

しかし、主たる輸出品がない日本では、西洋諸国から物を買う力がないわけである。そのため日本は、明治維新当時、諸外国から多額の借金をすることになる。そしてその金の調達をしたのが、ユダヤ人銀行家たちなのである。

つまり、日本はユダヤ・マネーの力を借りて明治維新を起こしたともいえるのだ。

その象徴的なものが鉄道だろう。

鉄道は文明開化のシンボルでもあった。

日本は、この文明開化のシンボルを明治維新からわずか5年後に開通させている。

鉄道をつくる際には、さまざまな方法が検討された。

鉄道を敷設するには、西洋諸国から技術を導入し、機関車や車両を購入しなければならない。

そのネックとなったのは、当然のごとく資金であった。

もっともいい方法は日本政府が自身で資金を出すことだ。

しかし、明治新政府は財政基盤が弱く、戊辰《ぼしん》戦争での戦費もかさんだためとてもそんな金は捻出できない。民間の企業や資本家に金を出させようにも、日本の国民のほとんどは鉄道というものを知らないのである。政府の高官でさえ、ほとんどのものが鉄道とはどんなものか知らなかったのだ。そんなわけのわからないものに金を出す奇特な資産家はいなかった（ただしいったん鉄道が建設され、利便性が知れ渡ると、民間人による鉄道建設ラッシュとなった）。

そのため外国の鉄道会社に日本の鉄道の敷設権を売り、外国企業によって鉄道をつくろうということも考えていた。

しかし外国企業に自国の鉄道をつくらせることは、非常に危険なことでもあった。鉄道の敷設権を外国に与えると、それを口実に鉄道周辺地域を強引に租借《そしゃく》されたりして、植民地化されかねない。また鉄道における莫大な収益を外国にとられることになる。

そのため明治新政府は、なんとか自前でつくれないかと模索し、英国へ資金調達の打診をした。

英国は、オリエンタル銀行を窓口として日本への借款《しゃっかん》（政府または公的機関の国際的な長期資金の貸借。広義には民間借款も含む）に応じた。オリエンタル銀行が、日本の公債を販売してくれることになったのだ。

そしてこの日本の公債を購入してくれたのがロンドンのユダヤ人金融家たちである。その中にはロスチャイルド家も含まれている。

鉄道に限らず、軍艦などの購入も、明治政府は借金に頼らざるをえなかった。ここにおいても、日本政府の公債の多くを引き受けたのは、ロスチャイルドをはじめとしたユダヤ人金融家だった。

維新直後、明治政府の高官たちはヨーロッパ諸国を訪問した（いわゆる岩倉使節団）。このとき、使節団はロンドン・ロスチャイルド家を表敬訪問している。

岩倉使節団。左から木戸孝允、山口尚芳、岩倉具視、伊藤博文、大久保利通

なぜユダヤ人金融家が、日本の公債を引き受けたのか？

もちろん、彼らにはそれなりの計算があったのである。

鉄道の建設が莫大な利益を生み出すことを、西洋諸国の財政家たちはすでに経験していた。また当時の日本はこれといった産業はなかったが、金銀をはじめ多くの鉱物資源を持っていた。担保は十分にあったのだ。

日本は幕末から維新にかけて、果敢にイギリス軍艦に戦いを挑んだり、ほとんど内乱らしい内乱にならずに明治維新を起こし、いきなり文明国の仲間入りしようとするなど、たびたび世界中のニュースとなった。それらの情報が入ってくると、目ざといユダヤ商人たちは、日本が経済的に将来有望なことを気づいたのかもしれない。

幕末の横浜で発祥したシェル石油

ユダヤ人たちは、明治日本の公債を購入するだけじゃなく、かなり早い段階から日本でのビジネスにも参入していた。

江戸時代末期、ペリーの来航により日本が開国すると、ほぼ同時に50名以上のユダヤ商人が入ってきた。明治維新以前にすでに神戸、横浜、長崎ではシナゴーグがつくられていたという。

この当時、日本に入ってきたユダヤ商人の中には、のちに大企業に発展したものもある。その1つが現在、石油販売において世界第2位のシェアを持つ「シェル石油（ロイヤル・ダッチ・シェル）」である。

日本のガソリンスタンドでも白い貝殻のマークで知られているこの会社は、ユダヤ人が創業したものであり、また日本と関係の深い会社でもある。

シェル石油の創業者は、マーカス・サミュエル。

1853年、ロンドンのユダヤ人家庭に、11人兄弟の10番目の子供として生まれた。マーカスの父親は、雑貨の行商人をしていた。

1872年、彼の父親はマーカスが学校になじまなかったのを見て、高等教育を受けさせる代わりに人生修行として一人旅に出した。「将来の商売に結びつくようなことを会得してきて欲しい」という条件をつけて。

マーカスは、そう多くない旅費の中から、東洋へ向かう船の三等切符を購入した。その船の終着港は横浜だった。

当時の日本といえば、まだ明治維新から5年ほどしかたっていない。ヨーロッパから見れば、謎の国だった。

マーカスは、横浜を歩き回るうちに、漁師たちが貝をとっているところに出くわした。彼らは貝を食べた後、殻は捨ててしまう。それを見たマーカスは、その捨てられた貝殻で子供のおもちゃのシャベルなどの玩具をつくることを思いつく。

マーカスは日本の民芸品をまねて、貝に装飾をほどこして玩具や小箱をつくり、ロンドンの父親に送った。父親はそれを行商で売り歩いた。やがてそれが売れ始め、父親はロンドンで店舗を構えるほどになった。

マーカスも横浜にマーカス・サミュエル商会をつくり、日本の

◆ロイヤル・ダッチ・シェル

設　立	1907年
本　社	オランダ、ハーグ
代表者	Peter Voser（CEO） Jorma Ollila（Chairman）
売上高	連結・4701億7100万ドル（2011年12月期）
従業員数	9万人（2011年末）

さまざまな商品を買いつける貿易業者になった。彼は、この時期に日本の版画なども収集し、それは19世紀の日本版画の最大のコレクションとなっている。

マーカス・サミュエル商会で儲けた彼は、さらに次の商売を思いつく。灯油をロシアから買い付けて日本や中国に売る、ということである。

マーカス・サミュエル
(1853〜1927)

当時、石油はまだ自動車や機関車、船の燃料としては使われておらず、ランプや暖房用に使用されていたにすぎなかった。それも、炭や石炭の代わりに使うといった程度である。今と比べればまったく使われていないに等しかった。

そのほとんど需要が見込めない石油に、マーカスは目をつけたのだ。

当時の石油業界はアメリカがリードしていた。アメリカ大陸で大きな油田がいくつも発見され精製技術が格段に進歩していた。ロックフェラーのスタンダード石油などが、それをヨーロッパ諸国に輸出していたのだ。

ヨーロッパでは石油にそれほど関心を持っていなかったが、ロシア領で油田が発見され、石油業に乗り出すものがボチボチあらわれてきたころだった。

マーカスはタンカーを造るなど大掛かりに石油の貿易を始めた。やがて、ガソリン・エンジンの登場などで、石油が産業の動力源として石炭にとって代わると、莫大な富を得ることになった。

しかしその石油会社が巨大になるにつれ、マーカスがユダヤ人であることで様々な障壁が生じ、彼は会社を手放すことになった。

貝殻がマークのシェル石油

そしてつくられたのが、ロイヤル・ダッチ・シェル石油である。

マーカスは会社を売却するにあたって、会社のマークとして貝殻を永遠に使うことを条件にした。そのため現在でもロイヤル・ダッチ・シェルのマークは、マーカスが横浜で見た貝殻が使われているのだ。

同社はその後、ロックフェラーのスタンダード石油と熾烈な競争を繰り広げる。

その過程では、ロスチャイルド家の資金も導入している。石油がロックフェラーとロスチャイルドに握られていると言われることがあるのは、そのためである。しかしロスチャイルド家は、資金の一部を出したに過ぎず、ロックフェラーのように会社に支配力は持っていない。

日露戦争の戦費を出したユダヤ人

また日露戦争にも、ユダヤ人は重要な部分で関係している。

日露戦争というのは、明治37（1904）年から明治38（1905）年にかけて行われた日本とロシアとの戦争である。ロシアというのは、ヨーロッパの大国である。

当時、日本には自力でヨーロッパ諸国と戦争を行えるほどの経済力はなかった。明治維新からまだ40年も経っていないのである。稲作だけの農業国から、なんとか脱皮しようと、必死に工業化を進めていた時期である。物量を必要とする近代的な戦争を行える状態では到底なかった。

では、日本はどうやって戦ったのか、というと、外国から金を借りたのである。「勝てば利子をつけて返す」という外債を募集することで、この戦争を乗り切ろうとしたのだ。

この外債募集の役目を引き受けていたのは、のちに暗殺される高橋是清である。

彼は当時、日銀の副総裁をしていた。彼は日露戦争が始まるやいなや、ヨーロッパに赴いて、資金のかき集めに奔走した。

しかし、当然のことながら当時の国際的な評価では、未開国に過ぎない日本が、ヨーロッパの強国ロシアに勝てるわけはない、ということで、なかなか外債を買ってくれる国は現れない。

それに、日本には担保になるものがなかった。

ロシアには、広大な国土と鉱山があったので、もし戦争に負けてもそれを取ればいい。しかし当時の日本には、それに匹敵するような資産はなかった。

だからヨーロッパ諸国は、日本には金を貸さずロシアにばかり投資をしていたのだ。

日本は当初、イギリスをあてにしていた。

日露戦争の直前に、イギリスと同盟を結んでいたので、そのよしみで外債を買ってくれるのではないか、と考えていたのである。

しかし、イギリス人は、日本人が思っている以上にしたたかだった。同盟は結んでも、お金を貸すことはしない。同盟はあくまでロシアの脅威から自国の権益を守るためのもの。日本の勝利のためにお金を出すことまでは考えなかったのだ。

高橋是清（1854〜1936）

高橋是清は、途方にくれてイギリスをあとにした。次

ジェイコブ・ヘンリー・シフ
(1847〜1920)

に赴いたのは、フランスである。当時のフランスは、イギリスとともに世界の大国であり、経済力もあった。しかしフランスはロシアと同盟を結んでおり、ロシアに融資もしていたことから、これもうまくいかなかった。

高橋是清が半ばあきらめかけていたときに、思わぬ幸運が舞い込んでくる。

アメリカ国籍ユダヤ人の銀行家ジェイコブ・シフが、外債の引き受けに応じてくれたのである。

シフは１８４７年、ドイツのフランクフルトで、ラビの家庭に生まれた。父親は、ラビであると同時にロスチャイルド銀行の重役でもあった。

18歳のときに単身アメリカに渡り、投資銀行（日本でいう証券会社）に勤務した。25歳のときに、アメリカ屈指の投資銀行クーン・ローブ商会の創業者ソロモン・ローブの娘と結婚し、同銀行の共同経営者となる。日露戦争当時は全米ユダヤ人協会の会長もしていた。

そのシフが、日本が発行した外債の半分を引き受けてくれるというのだ。

高橋是清はシフの好意に感謝しながらも、なぜこのようなことをしてくれるのか、わけがわからなかった。話を聞いてみると、当時のロシア帝政はユダヤ人を迫害していた。だから、日本と戦争をして国力が弱まれば、ロシア帝政は倒れる。そのために日本に加担したいのだ、と述べた。

シフは、ロシアのユダヤ人迫害をやめさせるように努力していた。各国に働きかけたり、ロシア政府自体に抗議をしたりもした。

また彼は、ロシア政府にお金を貸してもいた。お金を貸すので、ユダヤ人迫害をやめてくれ、ということである。しかしロシア政府は、ユダヤ人の迫害をやめなかった。そのため、日本に加担することにしたのだという。

彼の協力は、日本が日露戦争を続ける上で非常に役立った。日本政府はシフに最大級の謝意を示し、日露戦争終戦の翌年、日本に招待した。シフは明治天皇に招かれ、旭日大綬章をもらっている。

1906年、日露戦争に勝利し日本橋を凱旋する日本軍

さて彼が経営していたクーン・ローブ商会は、後年また日本に大きな影響をもたらすことになる。というのは、クーン・ローブ商会は1977年、リーマン・ブラザー

ズと合併しているのだ。

戦前のユダヤ脅威論～サッスーン家～

ユダヤ脅威論は、近年になって喧伝されるようになった印象がある。

しかし、ユダヤ脅威論というのは、実は戦前からあったものなのだ。むしろ戦前のほうが、その論調は強かったのかもしれない。

というのは戦前の日本は、今よりももっと直接的にユダヤ商人と渡りあわなければならない場面が多かったのだ。

それは中国大陸においてである。

日清、日露戦争に勝利した日本は朝鮮や満州に利権を得る。そして中国大陸に進出していく。中国には19世紀からユダヤ系の商人がたくさん入ってきていた。中国での利権獲得をもくろむ日本は、当然、彼らと衝突することになった。

東アジアで一大勢力を持っていたサッスーン家などは、今のロスチャイルド家のごとく、陰謀論で語られることもあったのだ。サッスーン家は巨大な財を築き、アジアを支配しようとしているというのだ。

サッスーン家というのは、もともとはバグダッドの宮廷ユダヤ人だったが、19世紀からインド、中国に進出して、東洋のロスチャイルドともいわれるほど成功していた。

そしてサッスーン家が勃興した一因は、アヘン貿易によるものである。

近代イギリス史の汚点として記憶されているアヘン戦争だが、イギリスは、始めからアヘンを中国に売り込もうとしていたわけではない。当初は、まっとうな貿易をしていたのだ。

しかし19世紀までのイギリスの対中国貿易では、イギリスが大幅な輸入超過となっていた。

イギリスは、中国産の茶を必要としていた。一方、中国はイギリスに対してさしあたって必要とするものがない。そのためイギリスは茶の対価として、大量の銀を中国に流出させた。銀の大量流出を食い止めたかったイギリスは、何か中国に輸出できるものを探した。そこで見つけ出したのがアヘンだったのだ。

イギリスは、アヘン商人を使って中東やインドで栽培されたアヘンを買い取り、中国に持ち込んだ。銀の流出に悩んでいたイギリスは、一転して中国からの銀の大量流入を受けることになった。

このときの代表的なアヘン商人がユダヤ系財閥のサッスーン家だったのだ。

サッスーン家はバグダッドで代々オスマン・トルコの総督に仕える銀行家だった。バグダッドでの最後の当主サッスーン・ベン・サレは税収の責任者であり、ユダヤ地域社会のリーダーでもあった。

しかし1829年、突然迫害され7人の息子のうちのデイビッドだけが隣国ペルシャに無一文で脱出した。

デイビッドは、インドのボンベイ（現在のムンバイ）で行商から身を起こし紡績業を営んだ。イギリスの東南アジア進出にあわせて莫大な富を築いた。その後、サッスーン家はさまざまな商品を扱う貿易商となり、中国、ヨーロッパにも進出した。その商品の中には、アヘンが含まれていたのだ。

当時のアヘン貿易には、サッスーン家のほかに、ジャーディン・マセソン商会やデント商会などのユダヤ系の商人がいた。

しかしオスマン・トルコとのコネクションがあったサッスーン家は、アヘンの買い付けに力を発揮し、ジャーディン・マセソン商会やデント商会を退けてアヘン貿易の中枢を担うようになる。

中国がアヘン貿易を禁止したときに、大英帝国に軍艦を派遣するように要請したのもサッスーン財閥だった。

19世紀、アヘン戦争で清朝が敗れ、上海が租界になると本拠地を上海に移した。サッスーン

デイヴィッド・サスーン
（1792〜1864）

家はアヘン貿易のみならず、金融、不動産、運輸、製造などさまざまな事業を行い、たちまち上海の一大財閥になった。世界各国の富が集まっていた20世紀初頭の上海で、その20分の1を所有していたといわれる。

アヘン貿易の際、売上金の為替業務を行っていた香港上海銀行も、サッスーン財閥が中心になってつくられたものである。香港上海銀行は現在でも世界的な投資銀行である。

こういうことが要因となって1930年代、日本ではユダヤ脅威論が声高に語られるようになった。当時、「シオン長老の議定書」（ロシア革命時にヨーロッパで出回ったユダヤ人国際会議での議事録と称した怪文書。ナチスのユダヤ人迫害の根拠ともなった）なども、陸軍将兵を通して持ち込まれ、強烈な反ユダヤ思想者も生まれている。

サッスーン家についても、今のロスチャイルド陰謀論よりもはるかに飛躍して語られていた。

「サッスーン家はアジア全土を支配しようとしている」

というような主張もあったのだ。

そのため、政府は満州鉄道調査部（一種の諜報機関）を通して、サッスーン家の調査を進め「サッスーン家は巷で言われているほど、勢力を持っているわけではない」とわざわざ発表したりもしている。

当時のユダヤへの警戒心は、中国利権に関して西洋諸国と衝突しつつあった日本の憂いを象徴しているものともいえる。

もちろん、戦前日本のユダヤ脅威論は杞憂だった。サッスーン家をはじめとしたアジアのユダヤ財閥は第二次大戦後、中国共産党の勃興とともに、中国大陸からほぼ駆逐されてしまうのだ。

日ユ同祖論と河豚計画

戦前の満州では、ユダヤ人に関する大胆な計画が進行していた。

この計画は「河豚《フグ》計画」と呼ばれるもので、ドイツ系を中心としたユダヤ人を満州に移住させ自治区をつくらせる、それによってアメリカをはじめとした世界のユダヤ・マネーを満州に投資させ、開発資金に使おうというのだ。

当時の日本はユダヤ人に親しみも感じつつ、恐怖感も持っていた。ナチス・ドイツの喧伝する「ユダヤ害毒説」も信じられていたからだ。そのため、毒を持つユダヤをうまく使いこなすという意味で「河豚計画」と名づけられたのだ。

いわば満州にイスラエルをつくろうというような、現在からみれば非常に違和感のある計画だが、当時の軍部はかなり本気になってこれを進めていたのである。

神道とユダヤ教の共通点

- ユダヤ教の六芒星のマークは伊勢神宮の灯篭の一部にも刻まれている
- 水や塩で身を清める禊の習慣
- ユダヤのメズサ（護符）と日本のお守り
- 神社の「鳥居」は古代ベブライ語で「門」という意味を持つ
- 神社の社殿の構造は古代のエルサレム宮殿の構造と同じ
- 日本の神社の狛犬と古代ソロモン神殿の前にあったライオンの像
- 伊勢神宮の遷宮と幕屋の移動
- 「スメラミコト(天皇)」はヘブライ語で「ソマリアの王」の意。「わっしょい」は「ヤーヴェ神の救いがある」の意

戦前の日本ではユダヤ人に対して奇妙なスタンスをとっていた。

当時の日本にとって、ユダヤというのはよくわからない存在だった。

西洋に関する情報が少ないこともあり、ユダヤ教とキリスト教の区別がついていない日本人も多かったのだ。

同盟国ナチス・ドイツなどを通して、ユダヤに関するよくない情報も入ってきた。前述のように強烈なユダヤ脅威論を説く軍人や学者も多く、ユダヤ陰謀論の本なども数多く出されていた。

その一方で、親ユダヤともいえる主張を持つ人も多かった。日露戦争のときに、ジェイコブ・シフが日本の外債の大半を引き受けてくれたことは、伝説にもなっていた。

そして日ユ同祖論、日本とユダヤは同じ先祖を持つという思想も生じていた。

これは、ユダヤが国を失ったときにユダヤ民族は12支族あり、それぞれが放浪することになったが、歴史学的に足取りがわかっているのは2支族だけで、10支族の足取りはつかめていない。10支族のうちの1支族が日本にたどりついたのではないか、というものである。

もともとは明治初期、日本に来ていた貿易商のユダヤ系スコットランド人ノーマン・マクラウドが提唱したものだが、日本の学者、知識人の中にも追随するものがあらわれてきた。

その根拠として、日本語の中にヘブライ語とも読める単語がいくつも存在すること、日本の神道とユダヤ教には共通なものがあることなどである。

たとえば、日本行事の祇園祭りは、ユダヤのシオン祭りに類似しており、どちらも同じ7月17日に行われる。また天皇の呼称「ミカド」はヘブライ語のミガドに類似しており、これはガド族出身の男を意味するという。そして、ガド族の始祖の嫡男の名前はニュポンだというのだ。

日ユ同祖論が事実かどうかは本書の趣旨ではないので論じないが、日本人とユダヤ人は、ある特殊な親しみを感じていたのは事実であろう。それがシフの日露戦争への融資や後の杉原大使のビザ発給などにもつながったと思われる。

当時の日本は、アジア民族の独立と結集を目指すという建前を持っていた。

西洋諸国に食いつぶされているアジアを解放しようというのが、ある部分、当時の日本の国是でもあったのだ（日本自身がアジアを侵略していた面もあるが、日本が幕末から終戦まで西洋諸国のアジア侵食を憂いていたのは紛れもない事実である）。

その中で、同じマイノリティーとして苦しんできたユダヤ人と協力し合おうという発想も出てきたのだろう。

「ユダヤと日本が結託すれば、白人による支配構造を打破することができる」

当時の日本にとって、ユダヤ人は白人社会からの被差別民族として共闘できるのではないか、とも考えられていたのだ。

満州の開発には、莫大な資本を必要とする。

それは日本の資力だけでは、到底間に合わなかった。そこでユダヤ資本を満州に受け入れようという計画が持ち上がったのだ。

満州軍の幹部だった石原莞爾《かんじ》や板垣征四郎、日産コンツェルンの鮎川義介などがこの計画を作成したという。また当時の関東軍参謀総長だった東条英機も、ユダヤ人を「便宜利用」するべきだと説いた。

ユダヤ人問題の解決というのは、ヨーロッパ、特にドイツでは積年の課題だった。移民として、商人として、ユダヤ人はヨーロッパ社会でたびたび軋轢《あつれき》をもたらしてきた。

ヨーロッパ諸国で中世以来、一度もユダヤ人を追放した国はないと言ってもいいほどなのだ。

樋口 季一郎（1888～1970）

このユダヤ人問題に関して、ヨーロッパ各国がさまざまな解決策（イスラエル建国もその中の1つだった）を模索している中、極東の日本がそれを引き受けようというのだ。

ただ、この計画には情報不足からくる多々の無理もあった。

この計画を実現するために、関東軍や満州国首脳部は、ユダヤ人に対して親密な態度を示そうとした。

満州を支配していた関東軍は、ユダヤ人差別をすることはなかったという。

そして関東軍は憲兵隊を通じて、ユダヤ・マネーを満州に利用するための調査をしていた。関東軍憲兵の幹部であった樋口季一郎は、関東軍の杉原ともいえる存在だった。

1937年、樋口はハルビンの特務機関長に就いた。

当時、満州とソ連の境には、2万人にも及ぶユダヤ難民が集結していた。ナチス・ドイツに追われてきた彼らはポーランド、ソ連を経由して極東に避難してきたが、ソ連は領内（ハバロフスク近郊）にユダヤ人が定住することは許さなかった。そのためユダヤ難民たちは満州から第三国に出国しようとした。

樋口季一郎は、満州国外交部に働きかけ、ユダヤ難民が満州を合法的に通過できるように講じた。この満州の処置に対してドイツから抗議があったが、樋口は、「ドイツでユダヤ人をどう扱おうがドイツの自由だが、満州国は独立国であり、満州国の処置に対してドイツが干渉することは許されない」

と一蹴している。

樋口のこの処置は、ドイツがソ連に侵攻する1941年まで有効だったという。

また関東軍はユダヤ人社会に日本への理解を深めてもらうために、満州国の肝煎《きもい》りで極東ユダヤ人大会なるものも開催した。

この会議はおもに中国に居住するユダヤ人の代表を集めて、極東におけるユダヤ人社会の今後のあり方を考えるというものだった。日本からも、樋口をはじめ関東軍や満州国の首脳が出席した。

しかしこのような軍部の努力にもかかわらず、この計画は世界のユダヤ人社会には支持されなかった。

アメリカのルーズベルト大統領の側近で、世界ユダヤ人会議議長だったスティーブン・サミュエル・ワイズは、「ユダヤ人の日本との協力はありえない」という見解を示した。

アメリカは、ナチス・ドイツを叩ける唯一の国だった。

当然のことながら、ユダヤ人にとって、日本よりもアメリカのほうがはるかに頼りになった。ユダヤ人社会はアメリカの第二次世界大戦の参戦を強く望んでいたが、アメリカは当初、消極的だった。そういう時期にユダヤ人社会が日本に迎合すれば、アメリカは参戦しなくなるかもしれない。だからユダヤ人はアメリカの機嫌を損ねてまで、日本の計画に乗ることはできなかったのだ。

1940年、ドイツとの防共協定が軍事同盟に格上げされると、日本とユダヤ人社会の関係は悪化し河豚計画はほとんど白紙に戻される。

そして日本の真珠湾攻撃により完全に消滅した。

杉原外交官はなぜビザを発給したか？

第二次大戦中のユダヤ人迫害に際して、日本の外交官杉原千畝《ちうね》がユダヤ人難民に2000枚以上の大量のビザを発給して命を救った。これは、日本のシンドラーとして知られている。

杉原千畝は、1939年にリトアニア・カウナスの領事代理をしていたが、当時、ポーランドからリトアニアに逃亡してきたユダヤ人が大量にいた。このユダヤ難民が、日本を経由して第三国に逃れるためにビザの申請に殺到したのだ。

日本はナチス・ドイツと同盟を結んでおり、ユダヤ人の逃亡に手を貸すことは、外交上の得策ではなかった。そのため外務省は、所持金の額を引き上げるなどビザ発給の条件を厳しくして、簡単には発給しないように指示した。

杉原は独断でその指示に反し、条件を満たしていなくてもビザの発給をしたという。

彼からビザの発給を受けたユダヤ難民たちは、ソ連のウラジオストックを経由して、新潟敦賀港から日本に入ってきた。そしてアメリカやパレスティナ、ユダヤ人居住区のあった上海に脱出したのだ。

杉原千畝（1900〜1986）

杉原が外務省の意向に逆らってビザを発給したことについては、さまざまなことが言われている。彼は東方正教会に入信しており、宗教的な見地からユダヤ人を助けたともいわれる。

また外務省は、表向きはそのビザ発給に難色を示したものの、実際にはそれほど反対していたわけではなかったともいわれている。

日本は当時、アジア諸国をはじめとする民族自決、民族解放を国是に掲げており、それは戦争の建前にもなっていた。だから、ナチス・ドイツのユダヤ人迫害政策には、賛意を示しているわけではなかった。

日本の新聞がナチスのユダヤ人迫害を非難することもしばしばあったし、関東軍幹部がユダヤ難民の満州国通過を許したことは、すでに述べたとおりである。

杉原ビザは、日本のユダヤに対する姿勢の一面があらわれたともいえるかもしれない。

日本の高度成長を演出したユダヤ商人たち

ユダヤ人は戦後の日本にも大きく関係している。

戦後の日本は、機械類の輸出で世界貿易の中心に躍り出た。

この日本の輸出を支えたのは、実はユダヤ商人だった。

戦前、日本とユダヤは中国大陸で対立したり、日本がドイツと同盟したりしたので、あまりいい関係ではなかったが、戦後はすぐに日本とユダヤは良好な関係になった。

ユダヤ人は、基本的に親日的な考えを持つ人が多いのである。

もちろん、彼らにはビジネスの面のシビアさはある。しかし、その日本に対する態度はビジネスライクだけではない好意的な部分も少なからずあると認められるだろう。

日本が戦後、貿易立国として飛躍できたのはユダヤ商人の貢献も大きかったのだ。

終戦直後の日本は、工業国として認知はされていなかった。

今でこそ「日本製品」というと高性能の代名詞にもなっているが、戦後しばらくは「日本製品は二流品」という扱いを受けてきたのだ。「メイド・イン・ジャパン」というのは、世界市場においては不良品の代名詞でもあったのだ。

しかしユダヤ商人たちは日本製品の良さをいち早く見抜き、取引を開始した。

たとえば、ソニーや松下電器のアメリカ大陸での輸入代理業者となったのは、ベンジャミン・フィッショフというユダヤ人である。彼は、杉原ビザで救われたユダヤ難民であり、第二次大戦時中は上海で過ごした。戦後、アメリカへ渡り、日本商品をアメリカに紹介する役目を担ったのである。

フィッショフは、世界で初めてトランジスタラジオの実用化に成功したソニーに着目し、その製品の取引を申し出る。まだ町工場に毛が生えた程度のソニーにとって、これが世界への飛躍のきっかけになった。

また三菱、日立、古河電工などの海外での販売代理を得たのは、ショウル・ネヘミア・アイゼンバーグというユダヤ人である。彼は、1940年に難民として日本にたどり着き、戦後は日本を中心に貿易業を営んだ。

そのほかにもブラザーなどのミシンもユダヤ人の手によって世界に紹介されている。

ミシンは高度成長期、日本の重要な輸出産品だった。そして半分以上はアメリカに向けられていた。アメリカにはシンガーという世界最大手のミシンメーカーがあったが、それを押しのけてアメリカのミシン市場の過半を占めるようになったのだ。

このアメリカ向けの日本製ミシンは、卸売業者同士でシンジケートともいえるようなネットワークがつくられていた。

彼らは数量や価格の調整をし、決して競合しないようにしてお互いの利益を守ってきた。1970年、日本製ミシンの卸売業者は16社あったが、そのうちの15社がユダヤ人の経営者だった。

カメラなどの精密機械も、日本の高度成長を支えた需要な輸出商品だが、これらの販売もユダヤ商人たちが担ってきた。1970年当時、アメリカで日本製精密機械を扱う卸売り業者の90％以上がユダヤ系企業だったのである。

かのロスチャイルドのイギリス分家も、戦後いち早く日本と取引をしたユダヤ金融家である。戦後の日本は、しばらくアメリカの管理下にあり、貿易もすべてドル建てで行われていた。1949年、このドル建て政策が緩和され、イギリスポンドでの貿易も許可されると、すぐにロスチャイルド・グループはコンタクトをとり、日本のおもな銀行と代理店契約を結んだ。

ロスチャイルド・イギリス分家の当主エドマンド・デ・ロスチャイルドは親日家としても知られ、毎年のように日本を訪れ、日本の財界人と交流した。彼は1973年には、外債発行に貢献したとして、日本政府から勲一等瑞宝章を贈られている。

ユダヤ商人は、利益に聡《さと》いので「日本製品が商売になる」ことを素早く見抜いたということもあるだろう。だからユダヤ人が親日的な気持ちだけで、日本製品の売買に携わったということはいえない。

実はユダヤ人は、日本車の所有率が高い。ユダヤ系アメリカ人は、全米の平均に比べて日本車の所有率は2倍以上になるのだ。

いささか古い資料になるが、1993年の調査によると、日産、ホンダは全米の平均所有率が2・7%に対して、ユダヤ人の所有率は6・1%である。トヨタは前者が4・9%に対して、後者は8・5%である。

アメリカ・ユダヤ人の実に4人に1人は日本車に乗っているのである（全米平均では9人に1人）。

アメリカ車の代表であるフォードが戦前の一時期反ユダヤ主義を標榜したこと、ドイツ車の代表的なメーカーフォルクス・ワーゲンはナチスとなじみが深いことなどの影響もあるだろうが、ユダヤ人が決して日本に対して敵対的ではないことは確かである。

第5章

ユダヤ陰謀論の真実

ユダヤ陰謀論とは何か？

これまで述べてきたように、ユダヤ人は経済的な成功者が多い。

このユダヤ人の経済的な成功に対する見方がエスカレートし、「ユダヤ陰謀論」なるものが出現するようになった。

ユダヤ陰謀論とは、

「ユダヤの闇社会が秘密裏に世界征服を狙っている」

「世界はロスチャイルド家の意向で動いている」

などというような説のことだ。

中には
「ユダヤ人は極秘の委員会をつくっていて、世界の政治や経済を牛耳っている」

「世界史で起きた革命や戦争はすべてユダヤ人の策略で起こったものである」

というものまである。

またユダヤ陰謀論とまではいかずとも、世界経済はユダヤ人が支配しているというようなことを言う経済評論家などはかなりいる。

ユダヤ人の成功の本質を探るためには、この「ユダヤ陰謀論」の真偽についても言及しなければならない。

「ユダヤ陰謀論とは具体的にどういうことなのか？」

「なぜユダヤ陰謀論が生じたのか？」

ということを追究しなければ、ユダヤ人の経済力を語るには不十分だと思われるからだ。

またユダヤ人の事業家やユダヤ系企業は、すばらしい才覚を持つ半面、利を得ることに執着し、倫理にもとる行為に及ぶこともある（これはユダヤ人に限ったことではないが）。

だから、我々はユダヤ経済人たちの長所と短所に関して、冷静に見つめ分析しなければならない。

ユダヤ人が国際世論や国際政治において大きな影響力を持ってきたことも事実である。かと言ってユダヤ人の経済力を過大視しすぎるのも危険である。

本書では、この最終章においてユダヤ陰謀論の誤りを具体的に指摘し、実際にユダヤ人たちが世界経済でどの程度の影響力を持っているのかを見ていきたいと思う。

ユダヤ陰謀論はトンデモ本ばかりではない

ユダヤ陰謀論を扱っているのは、トンデモ本ばかりではない。れっきとした学者が、学術的とされる出版社から出した本にも載っているのだ。

たとえば、『ヘッジファンド』（浜田和幸著・文春新書）という本がある。この本は、ヘッジファンドの仕組みと、その代表的な投資家ジョージ・ソロス（1930〜）について書かれたものである。

この本の「第2章ジョージ・ソロス氏の知られざる過去」には、ユダヤ陰謀論と見まがうばかりの記述があるのだ。

著者は、スイス、オーストリアの金融専門家の話として次のように述べている。

「ロスチャイルド・ファミリーはハンガリーから逃れてきたユダヤの少年の将来を見込んで、名門中の名門、ロンドン・スクール・オブ・エコノミックスに送り、経済の基礎を教え、卒業するとロンドンの銀行で実務を教え込んだ」

つまり著者の浜田和幸氏によると、ジョージ・ソロスはロスチャイルドに見込まれて英才教育を施され、アメリカに派遣されて巨大なヘッジファンドをつくったというのである。

浜田和幸氏は噂で聞いた話と前置きしてはいるが、なぜハンガリーの難民少年がイギリスの名門大学に入ることができたのか、ソロスがヘッジファンドをつくったときどうやって資本を集めたのか、という疑問を考えた場合、解答のヒントはロスチャイルド家にある、という書き方をしている。

しかし、この説には重大な誤りがある。

なぜハンガリーの難民少年がイギリスの名門大学に入学できたか、ということだが、ユダヤ人は教育に関しては、昔から非常に熱心であり、貧乏なユダヤ少年が親戚や知人たちの力を借りて名門大学を出たなどという話は枚挙にいとまがない。

そのことだけをもって、ソロスが学生時代からロスチャイルド家に見込まれて、援助を受けていたなどと考えるのはあまりに大胆な推測だといえよう。

またロスチャイルド家が、ソロスをアメリカに派遣した、という仮説もまた現実認識があまりに浅いといわざるをえない。

というのもソロスが道を開いたヘッジファンドというのは、昔から花形だったものではないからだ。この分野は1960年代頃から急速に発達したものである。「投資」の本来の業務から言えば、異端とされてきた分野なのだ。

アメリカのユダヤ系投資銀行では、本来の株取引、社債の引き受けなどの業務は、ドイツ系ユダヤ人が行い、ヘッジファンドなどの業務は東欧系ユダヤ人が行うことが多かった。

アメリカのユダヤ社会では、ドイツ系ユダヤ人と東欧系ユダヤ人の間では、明確な差別が存在していたので、当時の花形の仕事はドイツ系ユダヤ人が行い、それ以外の「汚れ仕事」を東欧系ユダヤ人が行っていたというわけだ。

ジョージ・ソロスは東欧系ユダヤ人であり、「汚れ仕事」のヘッジファンドで頭角をあらわし、大投資家になっていったのである。

ソロスがもしロスチャイルド家から派遣されていたというのなら、なぜ当時の花形の仕事からはずされていたのか、大いに疑問が残る。

それとも、ヘッジファンドが投資の花形業務になることを何十年も前からロスチャイルド家は見抜いていたとでもいうのだろうか。

ヘッジファンドが投資の主流になったのは、政治や経済の影響の中で、たまたまそういう風が吹いたということである。彼は、その時代の風を受けてたまたま寵児になったのである。

経済というものは、動きの激しいものであり、傾向や趨勢は時代とともに急激に変化する。経済の世界は一寸先は闇なのである。それは、わずかでも経済社会の中に身をおいたことがあるのなら、だれでも知っていることだろう。

それともロスチャイルド家だけは、何十年も先のことを正確に見通す能力が備わっていたとでもいうのだろうか（同家がアメリカの投資などに出遅れたということはすでに述べた通りである）。

ヘッジファンドなど影も形もない時代に、それが時代の主流になるということを見越して、貧しい少年にその技術を仕込んでいたというのは、どう見ても無理があるのだ。

アメリカ経済におけるユダヤ人の存在

そもそも「ユダヤ人が世界経済を支配している」というような論がなぜ出てくるのか？

その大きな根拠はアメリカにあるといえる。

アメリカ経済において、ユダヤ人は大きな存在感を示しているのだ。

アメリカには、イスラエルよりも多い500万人以上のユダヤ人が住んでおり、世界最大のユダヤ人居住国である。

このアメリカ・ユダヤ人たちは、アメリカの経済、医療、学術などあらゆる分野で活躍している。

そして確かにアメリカのユダヤ人は、強い経済力を持っている。

1981年の資料では、アメリカ国民平均の資産を100とした場合、ユダヤ系アメリカ人は172となる。

これは、あらゆる人種の中で最高である（2位は日系人で132、非ユダヤ系の白人は4位の107である）。またこの統計資料は自己申告のため、実際のユダヤ人の資産はこれよりもかなり多いと考えられる。

アメリカでは、百貨店などの小売業、卸売業、マスコミ関係、金融関係、映画産業などでユダヤ勢は圧倒的なシェアを占めている。アメリカ経済は、ユダヤ人抜きには語れないといえるだろう。

アメリカとユダヤ人の歴史は深い。

コロンブスも改宗ユダヤ人だったといわれ、コロンブス一行の中にはユダヤ人数名が含まれていたという。

大航海時代ヨーロッパ諸国のアメリカ大陸進出に合わせ、ユダヤ人も多くこの地に足を踏み入れた。当初は南米が多かったが、ポルトガルやスペインが南米に勢力を伸ばすとともに、ユダヤ人は南米から追い出されるようにして、北アメリカに入ってきたのだ。

北アメリカに、ユダヤ人が最初に入ったのは17世紀半ばだといわれている。

1654年、ブラジルのオランダ領がポルトガルに征服された。当時、ポルトガルはユダヤ人追放政策をとっていたので、ブラジルに住んでいたユダヤ人は、当時オランダ領だったニューアムステルダム（現在のニューヨーク）に移住したのだ。

このときアメリカに入ったユダヤ人は20名程度だったという。オランダは、当時ユダヤ人にもっとも寛容だった国である。ニューアムステルダムでは、歓迎とまではいかないまでも、追放されることはなかった。

その10年後の1664年、ニューアムステルダムはイギリスに占領され、ニューヨークという名前に代わる。当時のイギリスも、ユダヤ人に寛容だった。そのためユダヤ人は、ニューヨークに安住することができたのだ。

そして、この地にはシナゴーグが建てられ、ユダヤ人社会が形成された。

1830年代には、ユダヤ人が大挙して北アメリカに入ってきた。ヨーロッパの各地で反ユダヤ的な法律がつくられていたころ、ドイツ系のユダヤ人が大挙してアメリカに移住したのである。

このときに入ってきたユダヤ人の中には、のちに事業で成功するものも多くおり、アメリカ・ユダヤ人のイメージを形づくったともいえる。

その後、19世紀後半は東欧から大量移民が流入した。

当時、アメリカに移住してくる移民のほとんどは、新しい土地を開拓し、農業に従事することを目指していた。しかしユダヤ人の移民は、農業ではなく商業を志すものが多かった。ユダヤ人は、農業よりも商業の経験が多かったからである。そのことがアメリカ・ユダヤ人の成功の要因となった。

南北戦争後、ユダヤ人は行商などすぐに始められる職業に長じていた上、識字率も高かったので、新しい国に容易に溶け込むことができた。アメリカ・ユダヤ人は、衣服の製造、販売の分野で確固たる地位を築く。19世紀の後半から20世紀の前半にかけて、ユダヤ人企業の大半は、衣服関連業だった。

アメリカのユダヤ人は小売業を中心に勢力を広げていった。大都市の目抜き通りにある百貨店のほとんどはユダヤ人の経営によるものだった。

それが現在のユダヤ人のアメリカ経済の存在感につながっているのだ。

が、だからといって、巷でときどき言われるようにアメリカ経済全体をユダヤ人が支配しているわけではない。

アメリカ経済の中心にいるのは、ワスプと呼ばれるキリスト教系の白人たちである。彼らは製造業、石油産業などアメリカの中心となる産業では、常に主導権を握ってきた。これらの分野では、ユダヤ人のシェアは低いのである。

またワスプとユダヤ人は、たびたび激しく対立してきた。

そのことがアメリカ経済や、ユダヤ人経済を非常に複雑にしているのである。

ウォール街とユダヤ人

「ユダヤ人がアメリカ経済を握っている」

と言われることの根拠の1つにウォール街の存在がある。

アメリカ証券市場の中心地であり、世界経済に大きな影響を及ぼすウォール街。この街の成り立ちは、ユダヤ人抜きには語れないのである。

かなり古い資料になるが1985年の調査では、ウォール街の長者番付100位のうち、半分がユダヤ系によって占められていた。さらに上位10人に絞れば7人を占めていた（1985年以降の調査資料にはユダヤ人という区分がない）。

まさにウォール街はユダヤ人を中心に回っているともいえる。

ウォール街のあるニューヨークは、ユダヤ人が多いところである。ユダヤ人がニューヨークは、ジューヨーク（ユダヤ人を指すジューとニューヨークをかけている）と呼ばれるほどだ。

前項で述べたように、ニューヨークにユダヤ人が住み着いたのは、17世紀のことである。

現在、ニューヨークには総人口の2割以上、170万人のユダヤ人が居住している。これはイスラエルのエルサレムやテルアビブよりも多く、ニューヨークは世界最大のユダヤ人居住都市なのである。

ニューヨークのウォール街がアメリカの証券市場の中心地になったのは、ここにユダヤ人が多くいたのが大きな要因の1つとされている。

というのは、ユダヤ人は株式売買が始まったときから、すでにこの業界に長じた存在だったからだ。

株式会社というのは、1602年につくられたオランダの東インド会社に端を発するといわれている。それ以降、15世紀のオランダでは株式の取引が急速に活発化したが、ユダヤ人はこの世界でたちまち頭角をあらわすことになる。

株式会社というのは、そもそも、だれかがある事業を行うときに資金が足りない場合に他人がお金を出し合う、そして事業者は事業で儲けた利益を上乗せして、出資者に返すという仕組みを持っている。出資したときに、その額に応じて株券を発行するのだ。

株券は、本来は事業に投資した証明書であり、配当をもらうためのものだ。だから株の売買というのは、事業に投資するお金を集めるために始められたものだ。

しかし、株の価値というのは、その事業の良し悪しによって上下する。その上下を利用すれば、短期間に金儲けができる。つまり投機の対象となったのだ。

株の投機は、ユダヤ人が始めたものかどうかははっきりしないが、当初からユダヤ人がこの世界で突出していたことは確かである。

ユダヤ人は世界各地に離散しているが、この離散した仲間を利用して、外国のニュースを手に入れ、その情報を元に巧みな株式投資を行い大儲けをしていたのだ。ユダヤ人の得意とする「世界中のネットワークを生かした情報戦略」は、資本主義の草創期からすでに芽生えていたのだ。

またユダヤ人は、安息日が土曜日なので、日曜日には仕事ができる。キリスト教徒が日曜日に仕事を休んでいる間に、ユダヤ人同士で情報交換を行い、投資先を練っていたという。

1687年には、すでにユダヤ人の悪辣《あくらつ》な株式投資を非難するパンフレットが作成されているのだ。現在、ユダヤ・マネーを批判、告発する本は数多くあるが、それはすでに300年も前から言われ続けていることでもあるのだ。

ニューヨークに住み着いたユダヤ人も当然、株式投資をすることになる。

その中で資金力をつけたものが、この地に投資会社（証券会社）をつくったのだ。ゴールドマン・サックスや、リーマン・ショックで知られるリーマン・ブラザーズも、そういう経緯でつくられたのだ。

ニューヨークが証券市場の中心になったのは、このためでもあるのだ。

が、アメリカの金融界についても、その全体をユダヤ人が握っているわけではない。ユダヤ人がニューヨークで頭角を現してきたとき、商業銀行（日本でいうところの普通の銀行）の分野は、すでにワスプ（キリスト教系の白人）に握られていた。そのため未発展の投資銀行にユダヤ人たちが続々と参入したのである。

アメリカ議会に影響力を持つユダヤ系ロビー団体

アメリカでのユダヤ人の存在感を大きくしているのは、その経済力もさることながら、その政治力による部分が大きい。

アメリカの議会では、ユダヤ人のロビー団体が強い影響力を持っている。

ロビー団体というのは、簡単に言えば「圧力団体」のことである。政党や議員に、寄付などの援助をする代わりに、自分に有利な政策を行うように働きかけるものだ。議会のロビーで、議員たちに働きかけるために、そう呼ばれるようになった。アメリカの銃規制に強硬に反対しているとして、日本でもよく話題になる「全米ライフル協会」もロビイストの1つである。

アメリカの連邦議会では、このロビイストが強い影響力を持っているが、特にユダヤ人団体ロビイストの力は強力である。

代表的なものは、ＡＩＰＡＣ《エイパック》（アメリカ・イスラエル公共問題委員会）である。この組織は、全米退職者協会に続いて、アメリカで2番目に強いという調査結果もある。つまり全米ライフル協会を上回る力を持っているということである。

ウォール街

ここがどのくらいの力を持っているのか、いくつかのエピソードを紹介しよう。
ＡＩＰＡＣの外交問題担当部長は、ニューヨーカー誌の取材の際「24時間あれば、このナプキンの上に上院議員70名分の署名を集めることができる」と豪語したという。
また中東のトルコやヨルダンは、アメリカから武器を購入するときに、最初の交渉は、アメリカ政府や連邦議員ではなく、ＡＩＰＡＣの幹部と行うという。中東はイスラエルにとって安全保障にかかわる地域なので、そこに武器を輸出されることは快く思わない。だからトルコやヨルダンはＡＩＰＡＣが、どの程度まで武器を購入することを認めてくれるのか、まず打診をしなければならないのだ。

そもそもAIPACは、アメリカとイスラエルの友好関係を保つことを目的とした団体で、年間予算約2000万ドル（24億円）、130人の専従職員、6万人の活動員を擁する。数字だけを見るとそんなに大きな団体には見えないが、アメリカ議会への影響力は、この数字よりもはるかに大きい。

AIPACは、ユダヤ人社会に大きな影響力を持っているために、その意に背くことはユダヤ人社会を敵に回すということになりかねない。


AIPACの存在を印象付けたのは、1981年にアメリカからサウジアラビアへのハイテク偵察機売却を阻止しようとした一件である。

アメリカというのは軍事大国であり、世界一の兵器産業国でもある。武器の輸出は、アメリカの重要な産業になっている。だからアメリカとしては、自国の安全保障にかかわらない限り、なるべく多くの武器を輸出しようとする。その一環として、ハイテク偵察機をサウジアラビアに売却しようとしていたのだ。

サウジアラビアは、イラン空軍の監視のためにハイテク偵察機を購入しようとしたのだが、これはイスラエルの監視にも使える。イスラエルとしては、この売買を阻止したかった。

そのためAIPACは、各地の活動会員が地元の議員に電報や手紙を大量に送りつけ、偵察機売却反対を働きかけた。結果、連邦下院議会では301対111の大差で売却反対の票決となった。

当時のレーガン大統領は「自国にとって大事な貿易国であるサウジアラビアに、たった5機の偵察機を売却できない大統領などどこにいようか」と嘆いたという。レーガン大統領は共和党の議員に懸命に働きかけ、最終的には偵察機売却は可決された。しかし、この一件でAIPACの影響力の大きさを、連邦議会や全米は知ることになったのだ。

気に食わない議員は落とす

AIPACの活動は、単なるロビー団体としての活動にとどまらない激しさを持っている。それをもっとも印象付けるものとして、チャールズ・パーシー上院議員に対する追い落としがある。

パーシーは当時、全米で4番目にユダヤ人が多いイリノイ州から選出されていた共和党の上院議員だった。もともとはユダヤの有権者から支持されており、1972年の選挙では、ユダヤ人有権者の7割が彼に投票していた。

しかし、1975年に彼が中東を訪問した後、「イスラエルはPLOとの和平交渉の機会を逸している」という発言をした。また1981年には上院外交委員長として、サウジアラビアへの武器売却を推進した。

この行動が、AIPACの逆鱗に触れたのだ。

AIPACはパーシーの選挙区に、刺客を送り込んだ。イリノイ州選出の下院議員であったユダヤ人のポール・サイモンである。サイモンには、ユダヤ人社会から300万ドルもの献金が即座に寄せられ、ユダヤ人富豪などがテレビの放送枠を買い取り、大々的な反パーシー・キャンペーンを繰り広げた。その結果、上院外交委員長という要職まで務めていたパーシー議員は、落選に追い込まれたのである。

1980年代には、パーシー議員のほかにも5人の議員がAIPACの標的にされ、追い落とされている。

ユダヤ人団体の限界

ユダヤ人団体が、アメリカの政治に影響があるからといって、ユダヤ陰謀論に出てくるように、アメリカのすべてを牛耳っているというわけではない。

ユダヤ人団体は確かに力を持っているが、それはあくまで「少数派の団結」による力である。アメリカ社会全体から見れば単なる少数派であり、民主主義の選挙でまともに戦えば勝てるわけはないのだ。

彼らの戦略は、ある部分にターゲットを絞り、そこを攻撃すること（議員を追い落とすこと）によって他の議員に恐怖感を植え付けるというものである。

しかし彼らとて、アメリカ全部の議員を追い落とすほどの資金力はない。もし金はあったとしても、そんなことをすれば、非ユダヤ人社会からの反発を招き、選挙自体は惨敗するだろう。

つまり、ユダヤ人団体というのは、日本の圧力団体に非常によく似ているといえる。日本の圧力団体も、ほとんどが少数派によってつくられたものである。少数派が自分たちの利益を守るために、徒党を組んで影響力を持つのである。まともにやっていれば数の力で埋もれてしまうので、徒党を組むのである。

だから、彼らは自分たちの力は誇示しながらも、社会の意向にも敏感に反応するのだ。社会からまともに嫌われれば、勝ち目はないからだ。

たとえば2000年春、イスラエルが自国製のレーダーシステムを中国に売却しようとしたとき、ＡＩＰＡＣは当然、これをアメリカが認めるように働きかけた。イスラエルにとっては、自国の産業のためには、武器の輸出が増えたほうがいい。また中国との関係を良好にしておくことも、自国の利益になる。

しかし、アメリカにとっては、中国の軍事力が高まることは不利益である。世界唯一の超大国であるアメリカは、中国の台頭に神経を尖《とが》らせており、中国の軍事力が高まることは不快である。アメリカのかたくなな姿勢を見たＡＩＰＡＣは、逆にイスラエル政府に働きかけて、武器の売却を思いとどまらせたのである。

つまり、ユダヤ・ロビー団体がアメリカに影響力があるといっても、万能ではないのだ。アメリカの国益とイスラエルの国益は、完全に一致するものではない。アメリカ・ユダヤ人社会の利益、イスラエルの国益、アメリカの国益など、さまざまな事情の中で綱引きをしているのだ。

ユダヤ人は世界経済の支配者か？

「世界経済はユダヤに支配されている」

これはユダヤ陰謀論者がよく唱えることである。陰謀論者のみならずビジネスマンや学者にもそう言う人も多い。

確かにこれまで見てきたように世界の産業界の一部には、ユダヤ・マネーによって支配されているものもある。またアメリカ経済においても、ユダヤ人は大きな影響力を持っている。

しかし、ユダヤ人が世界経済全体を支配しているのかというと、それは明らかに違う。

アメリカ経済にしても、ユダヤ人が強い影響力を持っているのは間違いないが、前述したようにアメリカ経済の中枢を握っているのはユダヤ人以外のキリスト教徒の白人である。

またアメリカやイスラエル以外の国で、ユダヤ人が大きな影響力を持っている国というのは、あまりない。

たとえば現在、世界で二番目、三番目、四番目に経済力を持っている国には、ユダヤ人の経済支配力がほとんど及んでいないのである。

その三国というのは、中国、日本、ドイツである。

日本や中国では、ユダヤ資本が非常に入りにくい。歴史的に、ユダヤ人が日本や中国に大挙して移り住んできたことがないからだ。ユダヤ商人たちは、日本や中国でも商売はしているが、経済全体における影響力はそれほど大きくはない。金融ビッグバン以降、日本にもユダヤ資本の企業も数多く入ってきたが、全体から見ればごくわずかなものである。

またドイツの場合、ナチスのホロコーストのために、第二次大戦後にはユダヤ人はほとんどいなくなった。イスラエルやユダヤ人団体が、ユダヤ人がドイツに残ることを嫌ったのである。

残っているユダヤ人は、経済的に移住することができなかった人か、ドイツ人と結婚したりして、半ばドイツ人化している人がほとんどである。

つまり中国、日本、ドイツは非ユダヤ国だといえる。この三国は現在、世界の富の多くを集めている。ここにユダヤ人は、あまり食い込めていないのだ。

また詳細は後述するが、世界の石油を握っているアラブ諸国もユダヤとは敵対している。

それを見れば、ユダヤ人が世界を支配しているというのは、被害妄想に過ぎないということがいえるだろう。

スイスにもユダヤ人の影響力は及ばない

前項では、世界の経済大国の中国、日本、ドイツにユダヤ・マネーがあまり関わっていないということを述べたが、それだけでは納得しないユダヤ陰謀論者もいるだろう。

「ユダヤ人は金融を支配することで、世界経済を支配しているのだ」と。

確かに、ユダヤ人というのは金融に長けた民族である。しかし、だからといって世界の金融がユダヤ人によって支配されているわけではない。

その端的な例はスイスである。

世界の大富豪の富を集めている「世界の銀行」ともいえるスイスでは、ユダヤの金融支配はほとんど及んでいないのである。

ジュネーブは16世紀くらいから世界の金融の中心地になりつつあったが、ユダヤ資本がここに食い込んできたことはほとんどないのだ。

スイス2大銀行のうちの1つ、UBSは過去にナチスに協力したとしてユダヤ人団体に訴えられている。2大銀行のもう1つクレディ・スイス銀行は、ロスチャイルド家のスイス進出を食い止めるためにつくられたものである。スイスはユダヤ資本を受け入れない国だったといえる。

またヨーロッパ諸国でも、ユダヤ系の金融というのはそれほど大きな影響力を持っていない。

フランスでは、19世紀のロスチャイルド家など、ユダヤ人による個人銀行が勢力を持っていた時期もあった。しかし銀行が個人経営から株式会社に変わっていくに従って、ユダヤ系の影響力は落ちていった。

イギリスは、フランス以上にユダヤ人金融家の影響力は少ないといえる。フランスと同じように個人銀行では、ロスチャイルド家や、セリグマン・ブラザーズのセリグマン家などが強い力を持っていたが、銀行経営が個人から株式に移っていくとユダヤ人の影響力は少なくなった。

1933年時点において、ナショナル銀行であるイングランド銀行と5大銀行の理事会には、1人のユダヤ人も入っていない。

ヨーロッパ中部から東にかけても、戦前はユダヤ人金融家が強い影響力を持っていた。オーストリアでは、ロスチャイルド家や富、名誉ともに高かったアルンシュタイン家などがウィーンの証券取引所を実質的につくり上げた。ハンガリーでも18世紀から20世紀初頭にかけて、有力な個人銀行はほとんどがユダヤ系だった。

しかし、第二次大戦後の東ヨーロッパが共産圏に入ったために、ユダヤ系金融機関はほとんどその力を失ってしまった。

近代のヨーロッパでもっともユダヤ人金融家が力を持っていた国は、ドイツである。ドイツは宮廷ユダヤ人をもっとも多く抱えていた国であり、その流れからユダヤ人の銀行家も多く育った。ロスチャイルド（ドイツ語読み：ロートシルト）家をはじめ、ウォーバーグ（ドイツ語読み：ヴァールブルク）家、メンデルスゾーン家、オッペンハイム家など、近代ドイツの銀行業はユダヤ人抜きには語れないともいえる。

ドイツのユダヤ系銀行は、アメリカにもしばしば投資をした。鉄道敷設や南北戦争の戦費調達にも大きく関与している。ドイツでは、個人経営の銀行のみならず株式会社の銀行もユダヤ人が中心になって行った。20世紀初頭のドイツ6大銀行のうち、5つまでユダヤ人が中心になって運営されていたのだ。

しかしそのドイツもナチスの台頭でユダヤ人金融家はほとんど締め出され、第二次大戦後は、前述のようにユダヤ社会がドイツに戻ることを拒否した。

現在の新しい金融の流れである「投資ファンド」はユダヤ系が非常に多いし、ユダヤ・マネーが世界経済の一角を占めているのは事実である。しかし、世界経済を支配しているほどではないのだ。

アラブ・ボイコット

前項までで日本、中国、ドイツ、スイスには、ユダヤ人の影響がほとんど及んでいないと述べたが、それどころかユダヤ人と強烈に対立している勢力もある。

アラブ諸国である。

そして、アラブ諸国は、近年、世界経済の中で大きな影響力を持ちつつある。

石油によって生じた「アラブ・マネー」は、先進国も無視できない存在になっているのだ。

1970年代、二度の石油ショックで世界経済は大きく揺さぶられた。このことは、アラブ諸国が世界経済の主導権を握りうることを世界に示した。

しかも、アラブ諸国は、ユダヤ・マネーと敵対してきた。

アラブ諸国は、実は1970年代以降、ユダヤに対して度重なる圧力をかけているのだ。

これは「アラブ・ボイコット」と呼ばれているものである。

アラブ・ボイコットを、簡単に言えば、アラブ諸国が、「イスラエル企業やイスラエルを支援している企業との取引をしない」と主張すること、つまりはイスラエルと関係する企業には石油を売らないといって、世界各国に圧力をかけていることである。

アラブ・ボイコットの始まりは、第二次大戦直後のことである。

パレスチナのユダヤ人がつくる工業製品を買わないように、周辺のアラブ諸国同士で結託したことが発端である。

その後、度重なるイスラエルとアラブ諸国の衝突で、アラブ・ボイコットは組織化、巨大化していった。

アラブ・ボイコットを具体的に言えば、アラブ諸国が次のことを講じたものである。

①イスラエルの企業、個人との取引をしない

②イスラエルに資本、技術提供をしているとみなされた企業と取引をしない

③イスラエルに資本、技術提供をしているとみなされた企業の関係企業とは取引をしない

ということは、アラブ諸国と取引をしようと思えば、イスラエルの企業とは絶対に取引をしてはならない、ということになる。

アラブ連盟（アラブ諸国の独立と主権擁護を目的として、1945年にエジプト・シリア・バーレーン・イラク・ヨルダン・サウジアラビア・イエメンの7か国で結成した同盟。のちに加盟国は22）の中に、アラブ・ボイコット委員会というものがあり、対象となる企業のリストを作成していた。このリストに載ることは、企業にとってブラック・リストに載るようなダメージがあった。アラブに石油を依存している国にとっては、これは死活問題である。

実際に、中東の石油に全面的に依存していた日本では、極端にアラブ・ボイコットに加担した。日本のおもな企業は、最近までイスラエルとは絶対に取引をしなかったのである。

たとえば、こういう話がある。

イスラエルでは、日本車の中でスバルがもっとも人気があるという。それは、アラブ・ボイコットの最盛期、日本の自動車メーカーがどこもイスラエルに輸出していなかったときに、スバルだけがイスラエルで販売していたからなのだ。1970年代、世界中で走っていたはずの日本車が、イスラエルにだけはスバル製しかなかったのである。

日本の大手メーカー商社がイスラエルと取引をするようになったのは、90年代に入ってからのことなのだ。

またアラブ・ボイコットの対象となったのは、イスラエル企業との取引だけではない。ユダヤ系企業の多くは、イスラエルに何らかの援助をしていたので、ユダヤ系企業全体がボイコットの対象となったのだ。

アラブ・マネーは、当然のようにユダヤ系の金融機関から引き上げられた。アメリカを中心として、多くの企業がアラブ・ボイコットの対象となった。またフランスの国営企業が、ロスチャイルド系の金融機関との取引を停止するなどという事件もあった。

もちろんアラブ・ボイコットは、自由貿易に反するものであり、アメリカやイスラエルは抗議を繰り返した。しかしアラブ諸国が石油という強力なカードを持っている以上、事態はほとんど変わらなかった。

このアラブ・ボイコットは1991年の湾岸戦争まで続いた。

湾岸戦争でサウジアラビアとクウェートは、イラクへの対抗上、アメリカへ助けを求めた。そのため、アラブ諸国はアラブ・ボイコットの手をゆるめざるをえなかった。が、現在でもアラブ・ボイコットは完全になくなったわけではないし、基本的にアラブ諸国はイスラエルやユダヤ人資本とは対立していることが多い。

ユダヤ人社会は一枚岩ではない

ユダヤ人は世界経済において多くの敵がいる上に、ユダヤ経済人同士も決して一枚岩ではない。だからユダヤ人が結託して、世界経済を支配しているということなどあり得ないのである。

わかりやすい例がリーマン・ショックである。リーマン・ショックでは、リーマン・ブラザーズ、AIG、ベアースターンズ、シティバンクなどユダヤ系の金融大手が相次いで破綻同然に追い込まれた。このときユダヤ系の大手企業が彼らを救うなどということは行われなかった。

また一口にユダヤ人といっても、イスラエル国民であったり、アメリカに居住してアメリカ国籍を持っているものであったり、またこのほかにも世界中にユダヤ人は散らばっている。そして、それぞれのユダヤ人たちはそれぞれの立場があり、必ずしも利害関係が一致しているわけではないのだ。それどころか、彼ら同士が激しく争うことも度々ある。

そもそもユダヤ教自体が個人主義を推奨している面がある。

ユダヤ教の教典であるタルムードには、「こうしなければならない」という強制があまりない。タルムードというのは、ラビたちの言葉の寄せ集めではあるが、さまざまな個人の主張を集めたものであり、一貫性がないものも多い。最終的な判断は、個人にゆだねられるのだ。

そのためユダヤ人は、自分の意見をはっきり主張する性質を持っている。それはイスラエルの政治がなかなか安定しないことからもわかる。

ユダヤ人が3人いれば、4つの政党ができるというようなジョークもあるほどだ。

それはビジネスの世界でも同様である。

過去には、ユダヤ資本同士が激しく争ったこともある。

その代表的なものを、19世紀に起こったロスチャイルド家とペレール兄弟の争いに見ることができる。

ペレール兄弟とは、エミールとイサークのポルトガル系のユダヤ人兄弟のことである。兄弟は、新しい発想を持った銀行家だった。それまでの銀行というのは、王侯貴族などの富裕層からお金を集め、それを諸外国に貸したり、国債を引き受けるなどをして運営されていた。しかし兄弟は、広く一般から預金を募り、それを新しい産業、企業家に投資するという形態を取っていた。現在の銀行の原型ともなるものだ。

ペレール兄弟がフランスにつくったのが、クレディ・モビリエ（動産銀行）である。設立するとたちまちフランス銀行に次ぐ、フランス第2位になる巨大な銀行になった。

クレディ・モビリエは、ナポレオン3世の後押しを受け、急成長していった。

ペレール兄弟は、同行をフランス国内だけではなく、全ヨーロッパに展開しようと考えていた。各国に同じような銀行をつくり、それを支援しようというのである。

ロスチャイルド家は、クレディ・モビリエの存在に対して危機感を抱いた。そしてあらゆる方法で、彼らをつぶそうと試みたのだ。個人銀行家を結集させて、対抗する銀行をつくろうとしたり、証券市場では資金力を駆使して追い落とそうとした。

クレディ・モビリエは、ロスチャイルド家の度重なる攻撃をかわしてきたが、ナポレオン3世のメキシコ干渉の際に引き受けた国債で、大きな損失を出した。そのために、ペレール兄弟は、役員を辞任することになった。

ペレール兄弟は、ロスチャイルド家との争いに敗れたが、金融界におけるターニングポイントにもなった。兄弟がはじめた銀行形態は、その後の銀行のモデルになったのだ。銀行は、ロスチャイルド家のような資産家が個人の財力を生かしてつくるものから、株式会社の形態で広く大衆から資金を集めてつくられるものが主流になっていったのだ。

ロスチャイルド家は、今でも世界的な銀行家であり資産家だが、経済界における相対的な位置は見る影もないほど低下している。それは、ペレール兄弟との争い以降のことなのだ。つまりロスチャイルド家衰退の要因をつくったのはユダヤ人なのである。

ペレール兄弟。前:（兄）**ジャコブ・エミール**（1800〜1875）、後:（弟）**イーザク**（1806〜1880）

また1999年のアジア通貨危機の際にも、似たようなことがあった。アジア通貨危機とは、機関投資家によりアジア各国の通貨が売り浴びせられ、貨幣価値が暴落したという事件である。このアジア通貨危機は、ユダヤ系投資家のジョージ・ソロスが中心になって引き起こしたといわれている。

が、このことはユダヤ人国家であるイスラエルに大きな打撃を与えることになったのだ。当時のイスラエルは、建国以来の混乱がようやく収束し、工業国として自立しようとしていたときだった。中東諸国と関係が悪いため、アジア諸国は大事な取引先であった。多額の貿易赤字を抱えていた同国にとって、工業製品を買ってくれるアジア諸国は、頼みの綱でもあったのだ。

しかし、アジア通貨危機により、アジア諸国の購買力が激減し、必然的にイスラエルも大きな影響を受けた。ようやく成長しかけてきたイスラエル経済は、これで一頓挫《とんざ》してしまったのだ。つまりイスラエルは、ユダヤ人のジョージ・ソロスによって経済成長を阻《はば》まれたわけである。

参考文献

◉『経済大国興亡史』（C・P・キンドルバーガー著、中島健二訳、岩波書店）
◉『図説 お金の歴史全書』（ジョナサン・ウィリアムズ編、湯浅赳男訳、東洋書林）
◉『金融の世界史』（板谷敏彦著、新潮選書）
◉『古代ユダヤ社会史』（H・G・キッペンベルグ著、奥泉康弘訳、教文館）
◉『ユダヤ人と経済生活』（ヴェルナー・ゾンバルト著、金森誠也監修・訳、安藤勉訳、荒地出版社）
◉『ユダヤ・エリート』（鈴木輝二著、中公新書）
◉『ユダヤ民族経済史』（湯浅赳男著、新評論）
◉『ユダヤ人ゲットー』（大澤武男著、講談社現代新書）
◉『マルクス主義者とユダヤ問題』（エンツォ・トラヴェルソ著、宇京頼三訳、人文書院）
◉『ソロス〜世界経済を動かす謎の投機家〜』（ロバート・スレイター著、三上義一訳、早川書房）
◉『サッスーン財閥の資産調査報告書』（東亜研究所）
◉『ユダヤ商法』（マーヴィン・トケイヤー著、加瀬英明訳、日本経営合理化協会）
◉『アメリカ経済のユダヤ・パワー』（佐藤唯行著、ダイヤモンド社）
◉『英国ユダヤ人〜共生をめざした流転の民の苦闘〜』（佐藤唯行著、講談社選書メチエ）
◉『ユダヤ移民のニューヨーク』（野村達朗著、山川出版社）
◉『ロスチャイルド王国』（フレデリック・モートン著、高原富保訳、新潮選書）
◉『ロスチャイルド家と最高のワイン〜名門金融一族の権力、富、歴史〜』（ヨアヒム・クルツ著、瀬野文教訳、日本経済新聞出版社）
◉『赤い楯』上下巻（広瀬隆著、集英社）
◉『Economic history of the Jews』（Salo W. Baron, Arcadius Kahan, and others edited by Nachum Gross Schocken Books
◉『The economic war against the Jews』（Terence Prittie, Walter Henry Nelson Secker & Warburg）

執筆協力　灘耕太郎

[略歴]

武田知弘（たけだ・ともひろ）

1967年生まれ、福岡県出身。

1991年大蔵省（現・財務省）に入省し、バブル崩壊前後の日本経済の現場を見て回る。

大蔵省退官後、出版社勤務などを経て、フリーライターとなる。

歴史の秘密、経済の裏側を主なテーマとして執筆している。

主な著書に『本当はスゴイ！血液型』『マネー戦争としての第二次世界大戦』（ともにビジネス社）、『ナチスの発明』『戦前の日本』『大日本帝国の真実』（ともに彩図社）、『ヒトラーの経済政策』『大日本帝国の経済戦略』（ともに祥伝社）、『経済改革としての明治維新』（イースト・プレス）、『経済で謎を解く 関ヶ原の戦い』（青春出版社）などがある。

写真提供／ ©ZUMA Press/amanaimages
©Polaris/amanaimages
©Alamy Stock Photo/amanaimages

世界を変えたユダヤ商法

2019年7月1日　　第1刷発行

著　者　武田 知弘
発行者　唐津 隆
発行所　株式会社ビジネス社
〒162-0805 東京都新宿区矢来町114番地 神楽坂高橋ビル5F
電話 03(5227)1602 FAX 03(5227)1603
http://www.business-sha.co.jp

〈カバーデザイン〉金子眞枝
〈組版〉茂呂田剛（エムアンドケイ）
〈印刷・製本〉中央精版印刷株式会社
〈編集担当〉本田朋子 〈営業担当〉山口健志

ISBN978-4-8284-2108-7

ビジネス社の本

ワケありな日本経済

消費税が活力を奪う本当の理由

定価　本体１４００円＋税
ISBN978-4-8284-1627-4

武田知弘……著

森永卓郎氏推薦！

なぜ日本人は働いても働いても楽にならないのか？　世界の富の１割を集め、ＧＮＰは世界第２位、外貨準備は全ヨーロッパの２倍もあるのに。しかも有給休暇の取得率は先進国最低で、世界で一番働き者。私たちを搾取するものの正体を官庁データをもとにあばいていく。

本書の内容

序　章　世界一の金持ち国になぜワーキングプアが生まれるのか？
第１章　日本に生まれつつある〝特権階級〟
第２章　リストラされたらホームレス～社会保障に穴があいた国～
第３章　特定の者だけが潤う経済システム
第４章　日本経済を牛耳る〝富裕老人〟とは
第５章　「貿易黒字」「働きすぎ」が実は不景気を招き寄せる
第６章　消費税という陰謀
第７章　〝経済成長〟ではなく〝幸福〟を目指す社会を

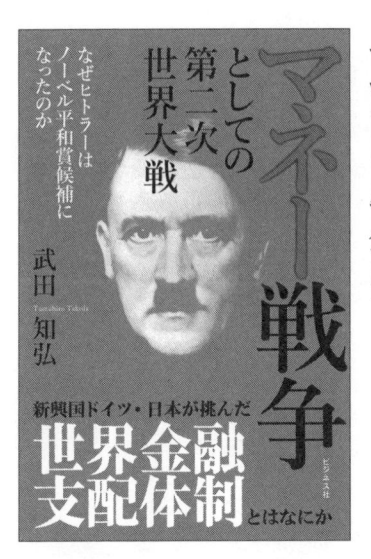